Fray Martín Ignacio de Loyola

Viaje alrededor del mundo

Edición de José Tellechea Idígoras

Barcelona **2024**
Linkgua-ediciones.com

Créditos

Título original: Viaje alrededor del mundo.

© 2024, Red ediciones S.L.

e-mail: info@Linkgua-ediciones.com

Diseño de cubierta: Michel Mallard

ISBN rústica: 978-84-9816-696-5.
ISBN ebook: 978-84-9953-485-5.

Sumario

Brevísima presentación

La vida

Fray Martín de Mallea, conocido como fray Martín Ignacio de Loyola (¿?-1606). España.

Martín Ignacio de Mallea Loyola nació en Éibar (Guipúzcoa) a mediados del siglo XVI. Era hijo de Andrés Martínez de Mallea y de María Osoa de Loyola. Sobrino del fundador de la Compañía de Jesús, Ignacio de Loyola y primo del gobernador de Chile, Martín García de Oñaz. Fue fraile franciscano descalzo, navegante y misionero. Dio la vuelta al mundo dos veces y escribió varios libros que tuvieron gran influencia. Fue primer custodio de la provincia franciscana de Macao-Malaca y cuarto obispo de Paraguay y del Río de la Plata. Martín murió en Buenos Aires, Argentina, el 9 de junio de 1606.

El viaje

Martín inició su primer viaje el 13 de junio de 1581 hacia México con otros treinta y un misioneros franciscanos que finalmente llegaron a Filipinas en 1582. De Filipinas pasó a China para evangelizar pero sufrió varios ataques que casi le cuestan la vida. Por entonces Martín fue ayudado por Arias González de Miranda, capitán mayor de Macao. El 31 de diciembre de 1583 Martín llegó a Malaca de donde volvió hacia la península Ibérica por la llamada Ruta Portuguesa.

Llegó a Europa en 1584 y se puso en contacto con el Consejo de Indias para tratar los problemas que tenían las misiones franciscanas en el Extremo Oriente. Se entrevistó con el padre general de los franciscanos y consiguió del papa Gregorio XIII la bula de custodio de China. En 1585 partió con veinte misioneros del puerto de Lisboa hacia Oriente por la Ruta Portuguesa y a su llegada a Malaca pretendió adentrarse en China. Tras dos intentos fallidos decidió denunciar ante el rey Felipe II las dificultades de las misiones en China. Para ello partió del puerto de Macao hacia Nueva España el 12 de julio de 1588 en la fragata Nuestra Señora de la Esperanza al mando de Pedro de Unamuno. El 22 de noviembre de ese mismo año llegó al puerto de Acapulco, desde allí continuó su viaje y llegó a España al año siguiente.

En 1594 partió otra vez para América del Sur donde fue nombrado obispo de Paraguay el 19 de noviembre de 1601. Pronto convocó el sínodo de Asunción o Rioplatense, el primer sínodo que se realizaba en Paraguay, para la buena enseñanza de la doctrina cristiana a los naturales. Este sínodo supuso notables mejoras de la situación de los indígenas y determinó que la evangelización fuese en lengua guaraní.

Año de 1585

De lo que el padre Custodio fray Martín Ignacio, del Orden descalzo del Santo padre San Francisco, vio y entendió en su viaje de la vuelta que dio al mundo desde que salió de Sanlúcar de Barrameda hasta que se restituyó a la ciudad de Lisboa, dividido veintisiete capítulos en los cuales hace una descripción muy particular y circunstanciada de las islas de Canarias, la Deseada, Puerto Rico, Santo Domingo y demás por donde navegó, hasta el Puerto de San Juan de Lúa, del Reino de México, del Nuevo México y noticias de su descubrimiento, de las Islas de los Ladrones, Filipinas, y Japón, y de los varios Reinos y provincias del Imperio de la China e India de Portugal por donde transitó, ya por tierra, ya por mar, hasta el Cabo de Buena Esperanza e Isla de Santa Elena, habiendo salido para aquel vasto Imperio desde el Puerto de Cavite en una fragata de Juan de loba, natural de Andalucía, a 21 de junio de 1582. Y asimismo expresa las alturas de todas las dichas tierras e islas, las distancias que hay de unas a otras y los rumbos a que demoran, y que habían navegado desde que salió de Sevilla hasta que volvió a Lisboa 9.040 leguas de Mar y tierra, sin otras muchas que anduvo por la China.

Sanlúcar de Barrameda y la ciudad de Cádiz, de donde de ordinario salen las Flotas y Naos para ir a las Indias Occidentales, están la una de la otra distancia de solas 50 leguas y en 37 grados de altura; de donde hay hasta las islas llamadas Canarias 230 leguas, que se caminan siempre al Sudeste y se andan de ordinario en ocho o diez días. Es la mar muy brava y hace muchas olas muy grandes, a cuya causa le llaman el Golfo de las Yeguas. Estas Islas, a quien los antiguos llamaron Afortunadas, llaman el día de hoy nuestros españoles Canarias, denominándolas de canes o perros, por lo que había en ellas cuando los españoles las descubrieron en mucha cantidad, y muy grandes y bravos. Están estas siete islas, que se llaman Gran Canaria, Tenerife, la Palma, la Gomera, el Yerro, Lanzarote y Fuerteventura, en 28 grados escasos, y tienen en sí cosas particulares, de las cuales pondré aquí algunas sumariamente.

En la isla de Tenerife, al Poniente de ella y al cabo, está una sierra llamada por nombre el Pico de Tereira, que a juicio de los que lo han visto, es el más alto del mundo, y se ve muy claramente 60 leguas antes de llegar a él. A cuya causa, cuando las Naos van de España a estas islas, es ella la primera cosa que se descubre. No se puede subir a él, si no es en los meses de julio y agosto, porque lo restante del año hay mucha nieve (con no nevar jamás en todas aquellas islas circunvecinas), y son menester para ello tres días. En la cumbre hace una como plaza muy llana y donde puestos algunos, cuando la mar está sosegada y en calma, ven todas las siete islas referidas y parece cada una de ellas un barrio pequeño, con estar algunas de ellas distantes más de 50 leguas y tener otras tantas de circuito. Los dos meses arriba dichos se coge en la cumbre de este cerro toda la piedra azufre que viene a España, que es mucha cantidad. Es esta Sierra del duque de Maqueda por particular merced del rey.

En esta dicha isla de Tenerife hay una imagen de Nuestra Señora que ha hecho y hace muchos milagros, y se llama ella y la iglesia adonde está Nuestra Señora de la Candelaria y es Monasterio de Religiosas de Santo Domingo: está a 5 leguas de la ciudad de San Cristóbal. Esta santísima imagen apareció en aquella isla en tiempo que era de gentiles y mucho antes que los cristianos fuesen a ella, cuya invención y aparecimiento fue de la manera siguiente: En una cueva, que el día de hoy es Parroquia, donde acostumbraban los pastores guarecerse de las aguas y otras inclemencias del cielo y meter sus cabras (que era el ganado que en aquel tiempo había en aquellas islas, de lo cual hasta el día de hoy ha quedado mucha abundancia), yendo un día un pastor de ellas a meterlas en la dicha cueva, las cabras se esparramaron de una gran claridad que vieron en lo interior de ella y volvieron con gran furia a salirse a lo raso con tanto temor, que no pararon en muy gran distancia. Pues como el pastor viendo esta novedad, entrase en la cueva para entender quién la había causado, y después de vista la claridad y el bulto, tomase una piedra y acometiera a tirarla hacia ella, quedósele el brazo muerto y la piedra en el puño de él, que todo lo que le duró la vida estuvo cerrado en testimonio de milagro. Sabido esto por los moradores de las dichas islas, la comenzaron a tener en grandísima veneración, llamándola Madre del Sol: la cual devoción ha quedado y está viva el día de hoy en todos los naturales, a quien los españoles llaman guanches; y la adoran tanto como al mismo Dios, haciéndole cada año el día de la Candelaria gran fiesta, en la cual cantan y bailan y hacen otras muchas cosas de muy gran regocijo y fiestas.

En una de estas siete islas arriba nombradas y llamada por nombre la del Hierro, hay una continua maravilla que, a mi juicio, es de las mayores del mundo y, como tal, digna de ser sabida de todos los hombres de él para que engrandezcan la Providencia de Dios y le den por ello gracias. Toda esta isla, que es de las mayores o la mayor de las siete islas, es tierra áspera e infructuosa, y tan seca que no se halla agua en toda ella si no es en la orilla del mar en algunas pocas partes, de donde está muy distante la población vivienda de los moradores de la isla; pero es remediada su natural necesidad de la Providencia del cielo como está dicho, y por modo exquisitísimo: y es que hay un árbol grande y no conocido ni visto jamás en otra parte del mundo, cuyas hojas son angostas y largas y están perpetuamente verdes como una hiedra; sobre el cual árbol se ve una nube pequeña y que jamás se aumenta ni disminuye, que es causa de que las hojas destilen sin cesar un agua muy clara y sutilísima que cae en unas pilas que los moradores del pueblo tienen hechas para su conservación y remediar su necesidad, que la suplen con este remedio muy cómodamente, sustentándose de ella así ellos como todos sus animales y ganados, y bastando para todos sin saber nadie desde cuándo tuvo principio este extraño y continuo milagro.

A la mano derecha de estas islas, como 100 leguas de distancia, hay otra cosa poco menos admirativa que la que acabamos de decir, y es que se ve muchas veces una isla, a quien llaman San Borondón, en la cual han estado muchos yendo perdidos, y dicen es fresquísima y muy abundante de arboledas y de mantenimientos y que está poblada de hombres cristianos, aunque no saben decir de qué nación ni lengua. La cual isla han ido infinitas veces nuestros españoles de intento a buscar y nunca jamás la han hallado, de donde viene a que de ella en todas aquellas islas hay diversas opiniones: diciendo unos que es isla encantada y que se ve solamente algunos días señalados; y otros, que no tiene otro impedimento para no hallarse sino que debe ser chica y está de ordinario cubierta de grandes nieblas y que salen de ella ríos de tanta corriente, que hacen dificultosa la llegada. Mi opinión, si vale algo, es que, siendo verdad lo que tantos dicen de esta isla, según la opinión que hay en las siete de Canarias, no carece de misterio mayor que el que puede causar el estar nublado y las corrientes de los ríos que habemos dicho ponen algunos por impedimento para no hallarse; pues esto, cuando lo fuera para los de fuera, no lo podía ser para los de la merma isla, que alguna vez hubiera alguno salido por algún suceso a las circunvecinas y hubiera sido visto y declarado el misterio. De donde colijo o que esta isla es imaginaria o encantada, o que hay en ella otro mayor misterio que por podernos salvar sin creerlo ni entenderlo, será acertado y cordura pasar a delante, concluyendo lo que toca a estas siete islas de Canaria, ya dichas, con decir que el templo [tiempo?] y cielo de todas ellas es extremado y que son muy abundantes de todos los mantenimientos necesarios para la vida humana, y se hace mucha azúcar, y se crían así mismo muchos ganados y muy, buenos, y en especial camellos, que los hay en abundancia. Valen todos los mantenimientos de muy buenos precios y menores que en España. Todas estas siete islas están pobladas de españoles que viven regaladamente, entre los cuales hay el día de hoy algunos naturales de los guinches ya dichos, que están muy españolados. Llámase la principal de estas islas Gran Canaria, en la cual hay obispo e Iglesia Catedral y Consejo de Inquisición y Audiencia Real, de donde depende el gobierno de todas las otras seis.

Capítulo II. Pártese de las islas Canarias para la de Santo Domingo, llamada de otro nombre la Española, y cuéntase lo que hay, hasta allá y algunas cosas notables

Después de haber tomado las Flotas o Navíos refresco en estas islas de Canaria ya dichas, salen de ellas navegando por la misma derrota, hasta una isla que tiene por nombre la Deseada, que está 15 grados de la Equinoccial, 830 leguas de las de Canarias, todas las cuales corren los Navíos sin ver otra tierra ninguna: Tárdase en esta navegación de ordinario veintiocho o treinta días. Tiene esta Isla Deseada, que se le puso este nombre porque, como aquel Golfo es tan grande y de tantos días de navegación, cuando la ven es después de haberla mucho deseado. Tiene otras muchas cerca de sí, una de las cuales es la que llaman Dominica, que está poblada y habitada de unos indios a quien los que navegan aquel viaje llaman Caribes, que es una gente que come carne humana, muy diestros de arco y flecha y cruelísimos. Osan tirar las flechas con hierba mortífera y tan ponzoñosa, que por maravilla la herida que con ellas hacen se puede guarecer ni curar con ningún remedio humano. Está esta isla en 15 grados, es pequeña y no de mucha gente; y con ser así, han muerto en ella muchos españoles, hombres y mujeres, de navíos que han acudido allí y, no sabiendo el daño, han saltado en tierra a hacer agua o a lavar su ropa, sobre los cuales dan de repente los indios y los matan y comen, y dicen es carne muy sabrosa, como no sea de fraile, que ésta por ningún caso la comerán, después que les sucedió el caso que se sigue:

Como un Navío que iba a Tierra firme arribase a aquella isla, en el cual iban dos religiosos de San Francisco y con el descuido ya dicho y deseo de la tierra saltaron en ella sin temor del daño que les podía venir y estuviesen a la ribera de un río gozando de la frescura de él y recreándose de la larga y penosa navegación que habían llegado desde las islas de Canaria hasta allí: como los Caribes los viesen con este descuido, bajaron de una Sierra y los mataron a todos sin dejar persona a vida. Todos aquellos días hicieron grandes fiestas comiendo de aquellos cuerpos asados o cocidos. Y como la quisiesen hacer un día de ellos con comer uno de los dos religiosos, que era hombre muy fresco y blanco, todos los que comieron de él se hincharon dentro de pocas horas y murieron rabiando y dando bascas; de donde quedaron escarmentados para no comer jamás de semejante carne.

De estas maldades han hecho infinitas, y tienen el día de hoy consigo muchos hombres y mujeres españoles a quien han perdonado la vida por servirse de ellos, o por ser niños: los cuales, dicen algunos, que se han huido, andan desnudos como los mismos Indios y hablan la propia lengua, y que casi están ya convertidos en su naturaleza. Podríase remediar este tan gran daño con mandar Su Majestad a un general de la Flota de Tierra firme o Nueva España se detuviese allí algunos días, que serían menester pocos, y limpiase esta mala gente de aquella isla, que lo tienen bien merecido, dando libertad a los pobres cristianos que están cautivos, que son en cantidad. Y aun dicen por muy cierto que hay algunos de ellos que son gente de mucha calidad.

No se puede saltar en esta isla sin que se vea por las espías ordinarias que tienen puestas; y si acaso ven que los que llegan son en gran número y que no los pueden ofender, se están en lo alto del monte o en arcabucos muy espesos hasta que las Naos se van, que es en acabando de hacer aguada o leña. Son grandes traidores y cuando ven la suya acometen, y de esta manera, como queda dicho, han hecho y hacen grandes daños.

Cerca de esta isla Dominica, al Nordeste, está la de San Juan de Puerto Rico, la cual está en 18 grados. Tiene de largo 46 leguas y de ancho 25 y de contorno cerca de 150. Hay en ella mucho ganado vacuno y mucho azúcar y jengibre, y dase muy bien el trigo. Es tierra de mucho oro, y no se saca por falta de gente. Tiene lindos puertos de la banda del Sur, y de la del Norte uno tan seguro y bueno, que por serlo tanto pusieron los españoles a toda la isla Puerto Rico, denominándola del puerto. Hay en toda ella cuatro pueblos españoles, y obispo e iglesia Catedral, en la cual el día de hoy es Prelado el Reverendísimo don fray Diego de Salamanca, religioso agustino. Cuando fueron la primera vez los españoles a ella que, según dice el Reverendísimo don fray Bartolomé de las Casas, obispo de Chiapas, fue el año de 1509, estaba toda esta isla tan llena de arboledas y frutales, que le pusieron por nombre Huertas, y que había en ella seiscientos mil indios, de los cuales el día de hoy no ha quedado ninguno.

De esta isla a la de Santo Domingo hay 60 leguas, digo de puerto a puerto y de punta a punta solas 12. Vase de un puerto al otro de ordinario en tres días, y la vuelta suele ser de más de un mes, por ser los vientos contrarios.

Capítulo III. De la Isla de Santo Domingo, llamada Española, y, de sus propiedades

La Isla Española, que por otro nombre se llama Santo Domingo, por razón de que en tal día fue descubierta, está en 18 grados y fue la primera que se descubrió en las Indias por el capitán Cristóbal Colón, digno de inmortal memoria. Pobláronse el año de 1492. Es una isla que tiene en contorno más de 600 leguas. Divídese en cinco reinos: el uno de ellos, que ahora se llama la Vega y en aquel tiempo que se descubrió se llamaba Magua, tiene 80 leguas de circuito, y tiéndense todas ellas de Norte a Sur, en la cual mar, según lo que el Reverendísimo de Chiapas testifica en su libro, entran de solo este reino treinta mil ríos y arroyos, los doce de ellos tan grandes como Ebro, Duero y Guadalquivir, en España. Y dice el sobredicho obispo otra grandeza: que la mayor parte de estos ríos, que son los que corren de la Sierra que está al Poniente, son riquísimos de oro, y alguno de ellos muy subido en quilates, como lo es el que se saca de las minas de Cibao, tan conocido en aquel reino y aun en el de España por su mucha perfección; de la cual mina acaeció sacar un pedazo de oro virgen tan grande como una grande hogaza y que pesaba 3.600 castellanos, y se perdió y hundió en la mar trayéndolo a España, como lo testifica el mismo Reverendísimo sobre dicho.

En esta Isla hay mucha más cantidad de ganado vacuno que en la que queda atrás de Puerto Rico, y cógese mucho azúcar y jengibre y cañafístola, y asimismo muchas frutas de las de España y otras de la tierra, que son muchas. Hay muchos puercos, cuya carne es tan sana y tan sabrosa como el carnero de España, y vale todo por muy poco precio, y cómprase un novillo por 8 reales, y las demás cosas de la tierra a este respecto, aunque las mercadurías de España valen caras. Es tierra de mucho oro, si hubiese gente que lo sacase, y muchas perlas. En toda la Isla no se coge trigo, si no es en el obispado de Palenzuela, aunque hay otras muchas partes donde, si lo sembrasen, se daría bien; pero la naturaleza que suele suplir las necesidades, cumplió la del trigo con darles en su lugar una raíz que se cría en toda la isla en mucha cantidad y abundancia y les sirve de pan, como lo hacía a los propios naturales cuando fueron nuestros españoles: es blanca, se llama cazabe, la cual molida y hecha harina, hacen de ella pan para sustentarse que, aunque no es tan bueno como el de harina de trigo, pueden pasar en él y sustentarse.

Es tierra muy cálida, a cuya causa los mantenimientos son de poca sustancia. Está la ciudad principal de esta Isla, que se llama Santo Domingo, por la razón arriba dicha, donde hay arzobispo y Audiencia Real fundada a la orilla de la mar, y tiene un río grande que le sirve de puerto muy bueno y seguro. Hay en ella tres conventos de religiosos y dos de religiosas.

En esta Isla dice el Reverendísimo de Chiapas en su libro, que había, cuando entraron los españoles en ella, tres cuentos de nombres de los naturales indios, de los cuales no has el día de hoy doscientos y los más son mestizos, hijos de indias y españoles, o negros; a esta causa tienen pobladas todas las estancias e ingenios de negros, de los cuales debe de haber en todas las islas más de doce mil. Es tierra muy sana para los que están acostumbrados a vivir en ella.

Hay en toda esta mar ballenas en abundancia, que las ven desde los navíos y aun las temen algunas veces; pero sobre todo hay mucha infinidad de unos peces muy grandes, que llaman tiburones, de los cuales andan grandes manadas; son aficionadísimos a carne humana y siguen un Navío 500 leguas sin dejarse ver día ninguno, y ha acaecido muchas veces pescar este pez y hallarle en el buche todas las inmundicias y cosas que desde la Nao se han echado en muchos días de navegación, y las cabezas de carnero enteras con sus cuernos. Si acaso cogen un hombre a la orilla del mar parado, se lo comen todo, o a lo menos le cortan a cercén todo lo que pueden alcanzar, una pierna o brazo, o el medio cuerpo, como muchas veces se ha visto, y hácenlo con mucha facilidad, porque tienen muchas hileras de dientes, y agudos como navajas.

Capítulo IV. Del camino e islas que hay desde esta de Santo Domingo hasta el Reino de México

La primera isla que hay después de haber salido de la de Santo Domingo es la que ordinariamente llaman Navaza, la cual está 112 leguas de ciudad de Santo Domingo y está en 17 grados; es isla pequeña. Junto a ella está otra que se llama Jamaica, de 50 leguas de longitud y 14 de latitud. Cerca de ellas suele haber grandes huracanes en la lengua de los propios isleños, quiero decir todos los cuatro vientos principales juntos y que el uno hace fuerza contra el otro: los cuales ordinariamente soplan en esta costa los meses de agosto y septiembre y octubre, por lo cual siempre las flotas que van a Indias procurar pasar aquella costa antes de llegar estos tres meses, o después, por tener experiencia de haberse perdido muchos navíos en aquel paraje y tiempo.

Desde esta isla se va a la de Cuba, que está en 20 grados, en la cual está el puerto de La Habana, que está en 23, a cuya última punta, que llaman el Cabo de San Antón, se ponen 200 leguas, y está a 22 grados de altura. Es grande isla y tiene 225 leguas de longitud y de latitud 37. Es habitada de españoles y convertida toda ella a la fe de Cristo, y hay en ella obispo y conventos de religiosos. Cuando las naos van a la Nueva España, pasan a vista de ellas, y a la vuelta, así las que vienen de ella como las del Perú, entran siempre en el puerto dicho de La Habana, que es muy bueno y seguro, donde se hallan todos los mantenimientos que para provisión de las Flotas son necesarios, unos que produce la propia isla y otros traídos de otras, y hay en particular mucha y buena madera, así para reparo de las naos, como para otras muchas cosas, de la cual traen de ordinario lastradas las naos que vienen de España. Tiene en esta isla Su Majestad un gobernador y un capitán con muy buenos soldados para guarda de ella y de un fuerte que hay en ella, el mejor de todas las indias.

Descubrióse esta isla de Cuba el año de 1511 y había en esta isla, que es tan grande como hemos dicho, mucho número de naturales, que ahora hay muy pocos. Hay un río en ella que tiene mucho oro según la tradición de los naturales y lo que dijeron a sus hijos, lo cual echaron en él los naturales de la manera siguiente.

Un cacique, que se llamaba Hatuey, que por el miedo de los españoles se pasó a esta Isla de la Española con mucha gente y todas sus riquezas y mucho oro entre ellas: el cual como por relación de otros indios de Santo Domingo, donde él había sido rey y Señor, supiese que iban a la dicha isla los españoles, juntó a toda su gente y mucha de la isla, y les hizo un parlamento, diciendo: Dicen por muy cierto que los cristianos pasan a esta isla. Ya sabéis por experiencia lo que han hecho con la gente del Reino de Aitim (que era la isla Española). Lo mismo harán acá. ¿Sabéis por qué lo hacen?

Respondieron: Porque son de su natural crueles.

No lo hacen, dijo el cacique, sino porque tienen un Dios a quien adoran, y por haberlo de nosotros nos matan.

Cuando dijo esto, sacó un cesto de oro y joyas que había llevado escondido. Y dijo mostrándolo: Este es el Dios que digo. Hagámosle areitos (que son bailes y danzas) y quizá le agradaremos, y mandará a sus súbditos que no nos hagan mal.

Trajeron para esto cada uno lo que tenía en su casa. Y hecho de todo un gran montón, como de trigo, bailaron alrededor hasta cansarse. Y después les dijo el cacique dicho: Yo he pensado bailando que, como quiera que sea, nos han de matar estos que vienen, que lo guardemos o que se lo demos, con codicia de sacarnos más. Echémoslo en el río.

Y así lo hicieron de común consentimiento y voluntad.

Desde esta Punta de San Antón se camina en demanda del Puerto de San Juan de Lúa (que es en la tierra firme del Reino de México) 230 leguas de la dicha Punta. Hay en todas ellas muy grandes pesquerías, y en especial de unos pescados que se llaman meros, que son tan fáciles de tomar, que en solo un día pueden cargar de ellos, no solo navíos, sino Flotas, y suele acaecer muchas veces subirlos a la nao y tornarlos a echar en la mar por no tener sal con que salarlos. Pásase a vista de un isla que se llama Campeche, que es un tierra muy fresca que está en el reino de México y es muy abastecida de mantenimientos, y en particular de miel y cera, y tiene 300 leguas de contorno. Es toda la gente de ella convertida a la Ley de Nuestro Señor Jesucristo, y hay en ella obispo e Iglesia Catedral gobernador por su Majestad y conventos de religiosos.

A pocos días de haber pasado de esta isla, se llega al Puerto de San Juan de Lúa, en el cual, a causa de tener muchos bajíos, es menester entrar con mucho tiento las naos. Tiene en él Su Majestad un fuerte; está acabado y muy bueno. Cinco leguas de este Puerto está la ciudad de la Veracruz, adonde es el comercio y contratación y están los oficiales de Su Majestad. Es tierra muy cálida a causa de estar en 19 grados, pero es muy abastecida de mantenimientos. Solía ser malsana, y ahora no se tiene por tanto. No sé si es la causa la mudanza del cielo, o la discreción y buen regimiento de los que en ella viven. Está esta ciudad de la de México, que es la Metrópoli de todo aquel Reino y de donde todo él se nombra, 70 leguas de camino, todo él tan poblado y lleno de pueblos de indios y españoles y de bastimentos, que parece tierra de promisión. Es templadísimo, y tanto, que casi en todo el año ni hace frío ni calor, ni los días exceden a las noches, ni las noches a los días, sino muy poco a causa de estar casi debajo de la línea equinoccial. La grandeza de este Reino y algunas particularidades se podrán ver en el siguiente capítulo.

Capítulo V. De cuanto sea grande el Reino de México y de algunas cosas particulares y notables que hay en él

Es este Reino de México, tierra firme. Báñalo por una parte el Mar del Norte y por la otra el del Sur. Cuánto tenga de largo y de ancho no es posible poderse decir por no estar hasta ahora acabado de descubrir y hallarse cada día tierras nuevas, como se vio el año de 583 en la entrada que hizo Antonio de Espejo, el cual con sus compañeros descubrieron una tierra en que hallaron quince provincias, todas llenas de pueblos y de casas de 4 y 5 altos, a quien pusieron por nombre Nuevo México, por parecerse en muchas cosas al viejo. Está a la parte del Norte y se cree que por ella y por poblado se puede venir hasta llegar a la tierra que llaman de Labrador (de quien diremos más largamente adelante). Está este Reino por la parte de oriente pegado con la tierra del Perú, y así corriendo por el Mar del Norte se va a dar a Nombre de Dios, que es Puerto del mismo Reino; e yendo desde el de Acapulco, que es en el de México y en la Mar del Sur, se va a dar a Panamá, puerto así mismo del dicho Perú y en la dicha mar cerca del Estrecho de Magallanes y no muy lejos del Río de la Plata y el Brasil. Finalmente este Reino es tan grande, que hasta ahora nunca se le halló el fin y cada día se van descubriendo en él nuevas tierras donde todos los indios que hallan son fáciles de reducir a nuestra santa fe católica, por ser gente dócil y de buenos ingenios y entendimientos. Hay en él mucha diversidad de lenguas y temples diferentísimos, aunque todos generalmente entienden la lengua mexicana, que es la más común. Hay muchas provincias pobladas de Indios y de españoles, que cada una de ellas es tan grande como un razonable reino, aunque la mayor y más principal es la de México, donde hay muchos indios y españoles, que exceden en número a los demás. Los nombres de las cuales son: Honduras, Guatemala, Campeche, Chiapas, Oaxaca, Michoacán, Nueva Galicia, Nueva Vizcaya, Guadiana, y otras algunas dejo por no ser prolijo: en todas las cuales hay Audiencia, o gobernadores o Corregidores, todos españoles. A los naturales de ellas jamás, después que se convirtieron, los han hallado en herejía, ni en cosa que sea contra la fe católica romana.

Todas estas provincias están sujetas y reconocen la de México como principal, donde Su Majestad tiene virrey, Inquisición, arzobispo y Audiencia

Real. Es la ciudad de México una de las buenas del mundo, y está fundada sobre agua, al modo y manera de Venecia en Italia. En todo este reino casi no se puede entender cuándo sea invierno o cuándo verano, así por ser los días todo el año poco mayores o menores que las noches, como por el temperamento de la tierra. Está el campo verde lo más del año y los árboles casi todo él con fruta, a causa de que el tiempo que es invierno en Europa, los rocíos que caen del cielo la tienen florida, y cuando es verano llueve ordinariamente, en especial los meses de junio, julio y agosto y septiembre, en los cuales por maravilla deja de llover todos los días, y es cosa maravillosa que casi nunca llueve hasta de medio día para abajo y jamás pasa de la medianoche: de manera que no impide a los que caminan, pues pueden hacer viaje desde la medianoche hasta el mediodía siguiente. Llueve desatinadamente y con tanta furia y tan recio, que el tiempo que dura es menester huir del aguacero, porque suele ser tan dañoso, que uno solo quita la vida a un hombre. Casi todo el año se siembra y coge en todo este reino, así trigo de que hay grandísima abundancia como maíz, que es el sustento ordinario de los indios, negros y caballos, que los hay en tanta abundancia y de tan buen parecer y obra como en todos los reinos del mundo se sabe hasta el día de hoy. Llevaron la casta de España al principio que se descubrió aquella tierra y para ello escogieron los mejores que en toda ella hallaron: lo cual y comer todo el año hierba verde y el maíz, que es el trigo de los indios, es causa de que merezcan ser alabados con el encarecimiento dicho.

En suma, este reino es uno de los más fértiles de mantenimientos de todos cuantos sabemos, y de riquezas, por haber en él infinitas minas de plata, de donde se saca tanta cantidad como se ve cada año cuando llega la Flota a Sevilla. Está debajo de la Tórrida zona y con todo esto es tan templada como he dicho, contra la opinión de los filósofos antiguos que decían era inhabitable.

Para disculparlos, no será fuera de propósito decir la causa por que se engañaron, y es: que con los cuatro meses que el Sol lleva más fuerza, que son los que arriba dije, llueve de ordinario, y es causa de que esté muy templada la tierra. Y demás de esto, proveyó Dios de que la bañan vientos fresquísimos que vienen de la mar del Norte y del Sur y corren tan de ordinario que por maravilla se ve calma; y a esta causa es de tal propiedad toda la tierra de este reino, que aunque el Sol sea fortísimo y cause gran calor, metiéndose debajo de cualquiera sombra por pequeña que sea, corre un fresco muy suave. Por ser la templanza del cielo de la manera dicha, jamás en todo el año los moradores de este reino tienen necesidad de disminuir ni aumentar el vestido, ni ropa de la cama: y es el cielo tan sano, que lo mismo es dormir en el campo sin ninguna cubierta, que en una sala muy cerrada y colgada.

Todo lo descubierto de este reino (excepto la tierra de los chichimecos, que es una manera de indios que viven como alarbes en Afrecha, sin tener casa ni pueblo edificado) está muy pacífico, bautizado, doctrinado y poblado de muchos monasterios de religiosos de la Orden de Santo Domingo, San Agustín y San Francisco y de la Compañía de Jesús, sin mucho número de clérigos que están repartidos por todo él, que así los unos como los otros se ocupan de ordinario en adoctrinar a los naturales y españoles que los hay en todo el reino: los cuales, aunque son pocos respecto a los indios, pasan en número de cincuenta mil. En la ciudad principal de este reino, que es la de México, como ya dije, hay Universidad, y en ella muchas cátedras en que se leen todas las Facultades que en la de Salamanca por hombres muy eminentes, cuyo trabajo es gratificado con grandes salarios y honras. Hay asimismo muchos y grandes hospitales, así de españoles como de indios, a donde los enfermos son curados con mucha caridad y gran regalo, por tener todos ellos grandes propios y rentas.

No trato de las iglesias y monasterios que hay en ella, así de religiosos como de religiosas, y de otras cosas muy particulares, porque de esto hay escrita muy larga historia y mi intento es decir por vía de Itinerario lo que el dicho padre Custodio fray Martín Ignacio me comunicó de palabra y escrito había visto y entendido en la vuelta que dio al mundo, y otras que yo mismo en algunas partes he experimentado, y esto de modo que se pueda llamar con más propiedad Epítome o Itinerario, que historia.

En este reino se cría más ganado que en ninguna parte de las que se saben en el mundo, así por el buen clima del cielo y temperamento, como por la fertilidad de la tierra. Las vacas y ovejas muchas veces paren dos crías y las cabras tres de ordinario: que esto, y haber muchos campos y mucha gente que se da a esta granjería es causa de que haya tanta abundancia, que se venda por muy poco precio, y aun acaece muchas veces matar los criadores diez mil cabezas de ganado vacuno, para solamente aprovecharse de los cueros, enviándolos a España y dejando la carne en aquellos campos para pasto de las aves, sin hacer caso ni cuenta de ella. Es abundante de muchas frutas, algunas de ellas diferentísimas de las que ahí se cogen en nuestra España, y todas o casi de las que se gozan en ella.

Entre las cosas notables que hay de considerar en este reino, que son muchas, una de ellas es de una planta llamada maguey, muy ordinaria en todas las provincias y Pueblos, de la cual se hacen tantas cosas para servicio y utilidad de los que viven en él, que lo creerá difícilmente quien no lo hubiere visto, aunque hay muchos testigos de ello en cada parte. De esta planta se saca vino, que es lo que ordinariamente beben los indios y negros, y vinagre muy bueno, miel, hilo para hacer mantas con que se visten los naturales y para coser las mismas vestiduras, y de las propias puntas de las hojas que echa la planta sacan las agujas con que cosen las mismas vestiduras y los zapatos y alpargatas que hacen del propio hilo. Las hojas de esta planta, después de ser muy medicinales, sirven en las casas en lugar de tejas; y curadas en el agua, se hace de ellas como un cáñamo que sirve para muchas cosas, y se hacen de él sogas, y el pimpollo de en medio es tan grueso y recio, que se pone por viga sobre que edifican las casas que comúnmente están cubiertas, o de paja, o de hojas de árboles anchas, como lo es la del plátano. Todo esto, aunque parece mucho por sí, respecto de los provechos que sacan de la palma, como diremos en llegando a tratar de las Islas Filipinas, donde las hay en gran abundancia, es muy poco y lo podrá juzgar el lector.

Capítulo VI. Prosíguese las cosas del Reino de México

Los Indios de este reino es gente muy ingeniosa, y ninguna cosa ven que no la imiten, de donde viene que son muy buenos cantores y tañedores de toda suerte de instrumentos, aunque las voces no les ayudan. Son muy aficionados a cosas de ceremonias de la Iglesia y dados al culto divino, y así en ellas exceden mucho a los españoles. En todos los pueblos hay cantores señalados que acuden cada día a la iglesia a decir el oficio de Nuestra Señora y lo hacen con mucho concierto y devoción. En cosa de aderezar y adornar una iglesia y componerla con muchas flores y curiosidades tiene particular ingenio. Pintan razonablemente en algunas partes; hacen imágenes de plumas de unos pajaritos muy pequeños llamados en su lengua zinzones, que no tienen pies ni comen otra cosa que el rocío del cielo, y es cosa muy de ver y que en España suele causar admiración a los pintores muy afamados, y principalmente ver la sutileza con que hacen la pintura y el aplicar los colores de la pluma.

Es gente muy limosnera, particularmente con los eclesiásticos; y a esta causa uno de ellos puede caminar de mar a mar, que son más de 500 leguas, sin gastar un solo real en la comida ni en otra cosa, porque se la dan los naturales con mucha voluntad y afición. Para lo cual en todas las comunidades, que es un mesón de los forasteros, tienen hombres diputados para proveer a los tales eclesiásticos que pasan de camino, de lo que han menester, y ni más ni menos a los seculares por sus dineros; y no solo no reciben pesadumbre con ellos, pero van ellos mismos a rogarles que vayan a sus pueblos, haciéndoles al entrar en ellos grandes recibimientos, a los cuales salen todos, chicos y grandes, en procesión, y algunas veces más de media legua, precediendo música de trompetas, flautas y chirimías. Los principales salen con ramilletes de flores en las manos, de los cuales hacen presente al religioso a quien reciben, y algunas veces les suelen echar más flores de las que querrían. Reverencian, en general, a todos los eclesiásticos, y en particular a los de las Religiones que en aquel reino se han ocupado en la conversión de ellos y fueron los que al principio los bautizaron, y es eso en tanta manera, que si el Religioso quiere, por alguna culpa, azotar a alguno de ellos, lo hace con tanta facilidad como un Maestro de España a quien enseña. Esta reverencia y sujeción introdujo entre ellos el valeroso capitán Hernando Cortés,

Marqués del Valle, que fue el que en nombre del Emperador Carlos V, de gloriosa memoria, ganó y conquistó aquel reino: el cual entre otras virtudes que de él se dicen (y duran hasta el día de hoy en la memoria de los naturales de este reino y según yo creo debe de haber dado muchos grados de gloria a su alma), tuvo una por excelencia, que fue grandísima reverencia y respeto a todos los sacerdotes, y en especial a los Religiosos: la cual queriendo que se introdujese entre los Indios, todas las veces que hablaba con algún Religioso era con tanta humildad y respeto, como el que tiene el siervo al señor; y nunca jamás los topó en la calle que, si iba a pie, gran rato antes de llegar a ellos no se destocase y besase en llegando a ellos las manos; y si acaso iba a caballo, tenía la misma prevención y se apeaba y hacía lo propio. De cuyo ejemplo quedaron los naturales con la misma costumbre que se guarda hasta el día de hoy en todo el reino, acompañada con tanta devoción que en cualquiera pueblo donde llega un eclesiástico o religioso, el primero que le ve antes de entrar en él, va corriendo a la iglesia y tañe la campana de ella (señal muy conocida por todos los de que viene religioso), al punto salen todas las mujeres a la calle por donde el tal pasa con los niños en los brazos y se los ponen delante para que les eche la bendición (aunque el tal vaya a caballo o pase de camino).

Es toda esta tierra tan abundante de mantenimientos y frutas, que con ser la moneda de poca estima (por haber mucha) y por no valer tanto un real como un cuartillo en España, se halla por doce reales un hermosísimo novillo y cincuenta mil que quieran, al mismo precio; y una ternera por 6 u 8 reales, un carnero entero en cuatro, y dos gallinas de Castilla por un real, y de las de las Indias, que llaman en Castilla pavos, se hallarán cien mil que quieran a real y medio cada una; y a este respecto, todos los demás mantenimientos que quisieran comprar, aunque sean muy regalados: el vino y el aceite vale caro porque se lleva de España, no porque la tierra no lo daría en mucha abundancia, como se ha visto por experiencia, sino que lo dejan de hacer por otros respetos.

Hay en todo el reino muchas yerbas medicinales, y los indios son grandes herbolarios y curan siempre con ellas, de manera que casi no hay enfermedad, para la cual no sepan remedio y le dan: y a esta causa viven muy sanos, y casi por maravilla mueren, sino de flaqueza, o cuando el húmido radical se consume. Usan poco de sangrías y menos de purgas compuestas, por tener entre ellos otras simples con que evacuan los humores, trayéndolas del campo y aplicándolas luego al enfermo. Son para poco trabajo, y pásanse con poca comida, y por maravilla duermen, si no sobre una estera en el suelo y los más al sereno, que, como habemos dicho, jamás hace daño ni a ellos ni a nuestros españoles. Y para decir en pocas palabras lo que requería muchas (y con todas ellas no se explicara bien lo que hay que decir de este gran reino), concluyo con compararlo a cualquiera de los mayores y más ricos de todos los que se saben en el mundo fuera del de la China, de quien en esta historia se han dicho tantas cosas y se dirán cuando lleguemos a tratar de ella, por pasar a tratar del Nuevo México, como lo prometí en el Capítulo V que por ser cosa tan nueva creo que será cosa de mucho gusto.

Capítulo VII. Del Nuevo México y de su descubrimiento y lo que de él se sabe

Ya dije en el dicho capítulo que el año de 1583 se habían descubierto quince provincias, a quien los inventores llamaron el Nuevo México en la tierra firme de la Nueva España, y prometí de dar noticias del descubrimiento, como lo haré con la mayor brevedad que sea posible; porque, si hubiere de poner difusamente todo lo que hubieron y supieron, fuera menester hacer de ello nueva historia. La sustancia de ello es que el año de 1581 teniendo noticia un Religioso de la Orden de San Francisco, que se llamaba fray Agustín Ruiz, que moraba en el valle de San Bartolomé, por relación de ciertos indios Conchos que se comunicaban con otros sus convecinos llamados Pasaguates, que hacia la parte del Norte, caminando siempre por tierra, había ciertas poblaciones grandes y nunca sabidas de nuestros españoles ni descubiertas, con celo de caridad y de salvación de las almas, pidió licencia al conde Coruña, virrey de la dicha Nueva España y a sus mayores para ir a ellas a procurar aprender su lengua, y sabida, bautizarlos y predicarles el Santo Evangelio, Alcanzada la licencia de los sobredichos, tomando otros dos compañeros de su misma Orden, se partió con ocho soldados que de su voluntad le quisieron acompañar a poner en ejecución su cristiano y celoso intento. Los cuales, a pocos días de camino, toparon con una provincia que se llamaba de los Tiguas, distante de las minas de Santa Bárbara (de donde comenzaron la jornada) 250 leguas hacia el Norte, en la cual por cierta ocasión los naturales le mataron al dicho padre uno de sus compañeros: el cual, y los soldados que iban con él, viendo y sintiendo el suceso, o temiendo que de él se podría seguir otro mayor daño, acordaron de común consentimiento de volverse a las minas de donde habían salido, con consideración de que la gente que iba era muy poca para resistir a los sucesos que se podían ofrecer en tanta distancia de la vivienda de los españoles y tan lejos del necesario socorro. Los dos Religiosos que habían quedado, no solo no vinieron en su parecer, mas antes viendo la ocasión para poner en ejecución su buen deseo y tanta mies madura para la mesa de Dios, viendo que no podían persuadir a los soldados a pasar adelante en el descubrimiento, se quedaron ellos en la dicha provincia con tres muchachos indios y un mestizo que habían llevado consigo, pareciéndoles que, aunque quedasen solos, estaban así seguros por la afabilidad y amor con que los naturales de ellas los trataban. Llegados los ocho soldados a donde deseaban, enviaron luego la nueva al dicho virrey de lo sucedido a la ciudad de México, que dista de las dichas minas de Santa Bárbara 160 leguas. Sintieron mucho los Religiosos de San Francisco la quedada de sus hermanos y temiendo no los matasen viéndolos solos, comenzaron a mover los ánimos de algunos soldados para que en compañía de otro Religioso de la misma Orden, llamado fray Bernardino Beltrán, tornasen a la dicha provincia a sacar de peligro a los dichos dos Religiosos y proseguir con la empresa comenzada.

En esta sazón estaba en las dichas minas por cierta ocasión un vecino de la ciudad de México, llamado Antonio de Espejo, hombre rico y de mucho ánimo e industria y celoso del servicio de la Majestad del rey don Felipe nuestro señor, natural de Córdoba: el cual, como entendiese el deseo de los dichos Religiosos y la importancia del negocio, se ofreció a la jornada y a gastar en ella parte de su hacienda y arriesgar la vida, siéndole para ello concedida licencia de alguna persona que representase a Su Majestad. La cual procurándola los dichos Religiosos, le fue dada por el capitán Juan de Hontiveros, Alcalde Mayor por su Majestad en los pueblos que llaman las cuatro Ciénegas, que son en la Gobernación de la Nueva Vizcaya, 70 leguas de las dichas minas de Santa Bárbara, así para que el pudiese ir, como para que juntase la gente y soldados que pudiese para que le acompañasen y ayudasen a conseguir su cristiano intento.

El dicho Antonio de Espejo tomó el negocio con tantas veces, que en muy pocos días juntó los soldados y bastimentos necesarios para hacer la jornada gastando en esto buena parte de su hacienda, y partió con todos ellos del valle de San Bartolomé a los 10 de noviembre de 1582, llevando para lo que se ofreciese ciento once caballos y mulas y muchas armas, municiones y bastimentos, y alguna gente de servicio. Enderezó su camino hacia el Norte, y a dos jornadas topó mucha cantidad de Indios de los que llaman.

Conchos, en rancherías o poblaciones de casas pajizas: los cuales como lo supiesen y tuviesen de ellos relación muy de atrás, les salieron a recibir con muestras de alegría. La comida de estos y de los demás de la provincia, que es grande, se sustentan de carne de conejos, liebres y venados que matan y lo hay todo en grandísima cantidad. Tienen mucho maíz, que es el trigo de las Indias, calabazas, melones buenos y en abundancia, y hay muchos ríos que crían mucha cantidad de pescado muy bueno y de diversas suertes. Andan casi todos desnudos, y las armas que usan son arco y flecha, y viven debajo de gobierno y señorío de caciques, como los mexicanos, y no los hallaron ídolos ni pudieron entender que adorasen a nadie, por lo cual fácilmente consintieron en que les pusiesen los cristianos cruces y quedaron muy contentos con ellas después de haber sido informados de los nuestros de la significación de ellas, que se hizo por intérpretes que llevaban, por cuyo medio supieron de otras poblaciones para adonde los dichos Conchos los guiaron, acompañándolos mas de 24 leguas, que todas estaban pobladas de gente de su Nación y los salían a recibir de paz, por aviso que enviaban los caciques de unos pueblos a otros.

Andadas las 24 leguas dichas, toparon otra nación de Indios llamados Pasaguates, los cuales vivían al modo que los ya dichos Conchos, sus convecinos; e hicieron con ellos lo propio guiándoles adelante otras cuatro jornadas con los avisos de los caciques de la manera ya dicha. Hallaron los nuestros en este camino muchas minas de plata, al parecer de los que lo entendían, de mucho y muy rico metal. Una jornada de éstas toparon otra nación llamada los Tobosos, los cuales en viendo el rastro de los nuestros, se huyeron a las Sierras dejando sus casas y sus pueblos desiertos. Súpose después que algunos años antes habían acudido por allí ciertos soldados que iban en busca de minas, y habían llevado cautivos a ciertos naturales: lo cual tenía temerosos y avispados a los demás. El capitán dio orden cómo los fuesen a llamar, asegurándolos de que no les sería fecho ningún mal, y dióse tan buena maña, que hizo venir a muchos, a quien regaló y dio dones acariciándolos y declarándoles por el intérprete que no iban a hacer mal a nadie, con lo cual se volvieron todos a sosegar, y consintieron les pusiesen cruces y declarasen el misterio de ellas, mostrando recibir de ello gran contentamiento, en cuya demostración los fueron acompañando, como lo habían hecho sus vecinos, hasta que los metiesen en tierra poblada de otra nación diferente que distaba de la suya cosa de 12 leguas. Usan arco y flecha y andan desnudos.

Capítulo VIII. Prosigue el descubrimiento del Nuevo México

La nación hasta donde los dichos Tobosos los siguieron se llamaba Jumanos, a quien por otro nombre llaman los españoles Patarabueyes. Tienen una provincia grande y de muchos pueblos con mucha gente, y las casas eran con azoteas y de cal y canto, y los pueblos trazados por buen orden. Tienen todos los hombres y mujeres los rostros rayados y los brazos y piernas. Es gente corpulenta y de más policía que los que hasta allí habían visto, y, tenían muchos mantenimientos y mucha caza de pie y de vuelo y gran cantidad de pescado a causa de tener grandes ríos que vienen de hacia el Norte, y alguno tan grande como Guadalquivir, el cual entra en la propia Mar del Norte. Tiene muchas lagunas de agua salada que se cuaja cierto tiempo del año y se hace muy buena sal. Es gente belicosa y mostráronlo luego, porque la primera noche que los nuestros asentaron Real, los flecharon y mataron cinco caballos, hiriendo muy mal otros tantos, y no dejaran ninguno a vida sino por las guardas que los defendían. Hecho este mal recado, despoblaron el lugar y se subieron a una Sierra que estaba cerca adonde fue luego por la mañana el capitán con otros cinco soldados bien armados con un intérprete, llamado Pedro, indio de su misma nación, y con buenas razones los quietó y dejó de paz, haciéndoles bajar a su pueblo y casas y persuadiéndolos a que diesen aviso a sus vecinos de que no eran hombres que hacían mal a nadie, ni les iban a tomar sus haciendas, que lo alcanzó fácilmente con su prudencia y con darles a los caciques algunas sartas de cuentas de vidrio que llevaban para este efecto, y sombreros otras niñerías. Con esto y con el buen tratamiento que les hacían, se fueron muchos de ellos en compañía de los nuestros algunos días, caminando siempre por la rivera del Río Grande arriba dicho: por toda la cual había muchos pueblos de Indios de esta nación que duraron por espacio de doce jornadas. En todas las cuales, avisados los unos caciques de los otros, salían a recibir a los nuestros sin arcos ni flechas, y les traían muchos mantenimientos y otros regalos y dádivas, en especial cueros Y gamuzas muy bien aderezadas, y que no les excedían en esto las de Flandes.

Es gente toda vestida, y hallaron que tenían alguna lumbre de nuestra santa fe, porque señalaban a Dios mirando al cielo y le llaman en su lengua Apalito y le conocen por Señor de cuya larga mano y misericordia confiesan haber recibido la vida y al ser natural y los bienes temporales. Venían muchos de ellos, y las mujeres y niños, a que el Religioso que dijimos iba con el dicho capitán y soldados, los santiguase y echase la bendición. El cual, como les preguntase de quién habían entendido aquel conocimiento de Dios que tenían, respondieron que de tres cristianos y un negro que habían pasado por allí y detenídose algunos días en su tierra, que, según las señas que dieron, eran Álvar Núñez Cabeza de Vaca y Dorantes y Castillo Maldonado y un negro, que todos ellos habían escapado del Armada con que entró Pánfilo de Narváez en la Florida y después de haber sido muchos días esclavos, vinieron a dar a estos pueblos, haciendo Dios por medio de ellos muchos milagros y sanando con el tocamiento solo de sus manos muchos enfermos por lo cual dejaron gran nombre en toda aquella tierra. Toda esta provincia quedó en paz y muy, sosegada, en cuya demostración fueron acompañando y sirviendo los nuestros algunos días por la orilla del río que dijimos arriba.

A pocos días toparon con una gran población de indios, adonde los salieron a recibir por nueva que tuvieron de sus vecinos, y les sacaron muchas cosas muy curiosas de pluma de diferentes colores, y muchas mantas de algodón barretadas de azul y blanco, como las que traen de la China para rescatarlas y trocarlas por otras cosas. Iban todos, así hombres como mujeres y niños, vestidos de gamuzas muy buenas y bien adobadas y nunca pudieron los nuestros entender qué nación era por falta de intérprete que entendiese su lengua, aunque por señas trataban con ellos; a los cuales, como les mostrasen algunas piedras de metal rico y les preguntasen si había de aquello en su tierra, respondieron por las mismas señas que cinco olías de camino de allí hacia al Poniente había de aquello en muy gran cantidad y que ellos les guiarían para allá y se lo mostrarían, como lo cumplieron después acompañándolos por espacio de 22 leguas todas pobladas de gente de su misma nación, a quien inmediatamente se seguía por el mismo río arriba otra de mucha más gente que la de la pasada, de quien fueron bien recibidos y regalados con muchos presentes, especialmente de pescado que había infinito a causa de una lagunas grandes que cerca de allí había que lo crían en la abundancia dicha. Estuvieron entre éstos tres días, en los cuales de día y de noche les hicieron muchos bailes a su modo con particular significación de alegría. No se supo cómo se llamaba esta nación por falta de intérprete, aunque entendieron se extendía mucho y que era muy grande. Entre ellos hallaron un indio concho de nación, que les dijo y señaló que quince jornadas de allí hacia el Poniente había una laguna muy ancha y cerca de ella muy grandes pueblos y casas de tres y cuatro altos, y la gente bien vestida, y la tierra de muchos bastimentos, el cual se ofreció de llevarlos a ella y holgaron los nuestros de ello y solo lo dejaron de poner en efecto por proseguir el intento con que habían comenzado la jornada, que era ir al Norte a dar socorro a los Religiosos arriba dichos. En esta provincia lo que particularmente notaron fue que había muy buen temple y muy ricas tierras y mucha caza de pie y vuelo, y muchos metales ricos, y otras cosas particulares y de provecho.

De esta provincia fueron siguiendo su derrota por espacio de quince días sin topar en todos ellos ninguna gente, por entre grandes pinares de piñas y piñones como los de Castilla. Al cabo de los cuales, habiendo caminado a su parecer 80 leguas, toparon una pequeña ranchería o pueblo de poca gente, y en sus casas, que eran pobres y de paja, gran cantidad de cueros de venados tan bien aderezados como los de Flandes, y mucha sal blanca y muy buena. Hiciéronles muy buen hospedaje dos días que allí estuvieron, después de los cuales los acompañaron como 12 leguas a unas poblaciones grandes caminando siempre por el río del Norte ya dicho, hasta llegar a la tierra que llaman el Nuevo México.

Estaba toda la ribera del dicho río llena de grandísimas alamedas de álamos blancos, y en parte tomaban 4 leguas de ancho, y asimismo de muchos nogales y parrales, como los de Castilla. Habiendo caminado dos días por estas alamedas y noguerales, toparon diez pueblos que estaban asentados en la ribera del dicho río por ambas partes, sin otros que se mostraban más desviados, en los cuales les pareció había mucha gente, y la que ellos vieron pasaban en número de diez mil ánimas. En esta provincia les regalaron mucho con recibimientos y con llevarlos a sus pueblos donde les daban mucha comida y gallinas de la tierra y otras cosas y todo con gran voluntad. Aquí hallaron casas de cuatro altos y bien edificadas y con galanos aposentos, y en las más de ellas había estufas para tiempo de invierno. Andaban vestidos de algodón y de cuero de venado, y el traje así de los nombres como de las mujeres, es al modo del de los indios del reino de México, y lo que les causó más extrañeza fue el ver que todos ellos y ellas andaban calzados con zapatos y botas de buen cuero con suelas de vaca, cosa que hasta allí nunca la habían visto. Las mujeres traían el cabello muy peinado y compuesto y sin cosa sobre la cabeza. En todos estos pueblos había caciques que los gobernaban, como entre los indios mexicanos, con alguaciles para ejecutar sus mandamientos, los cuales van por el pueblo diciendo a voces la voluntad de los caciques y que la pongan por obra.

En esta provincia hallaron los nuestros muchos ídolos que adoraban y en especial que tenían en cada casa un templo para el demonio, donde le llevaban de ordinario de comer; y otra cosa, que de la manera que entre los cristianos tenemos en los caminos cruces, así tienen ellos unas como capillas altas, donde dicen descansa y se recrea el demonio cuando va de un pueblo a otro, las cuales están muy adornadas y pintadas. En todas las sementeras labranzas, que las tienen muy grandes, tienen a un lado de ellas un portal con cuatro pilas donde comen los trabajadores y pasan la siesta, porque es la gente muy dada a labor y están de ordinario en ella. Es tierra de muchos montes y pinares. Las armas que usan son arcos muy fuertes y flechas con las puntas de pedernal con que pasan una cota, y macanas, que son unos palos de media vara de largo y llenos todos de pedernales agudos, que bastan a partir por medio un hombre, y asimismo unas como adargas de cuero de vaca crudo.

Capítulo IX. Prosíguese del Nuevo México y de las cosas que en él se vieron

Después de haber estado en esta provincia cuatro días y a poca distancia toparon otra que se llamaba la provincia de los Tiguas, en la cual había dieciséis pueblos, en el uno de los cuales, llamado por nombre Poala, hallaron que habían muerto los indios a los dichos dos padres fray Francisco López y fray Agustín, a quien iban a buscar, y juntamente a tres muchachos y un mestizo. Cuando los de este pueblo y sus convecinos vieron a los nuestros, remordiéndoles la propia conciencia y temiéndose que iban a castigarlos y tomar venganza de las muertes de los dichos padres, no los osaron esperar, antes dejando sus casas desiertas, se subieron a las Sierras más cercanas, de donde nunca les pudieron hacer bajar, aunque lo procuraron con halagos y mañas. Hallaron en los pueblos y casas muchos mantenimientos y gran infinidad de gallinas de la tierra y muchas suertes de metales, y algunos que parecían muy buenos. No se pudo entender claramente qué tanta gente fuese la de esta provincia, por causa de haberse, como ya dije, subido a la Sierra.

Habiendo hallado muertos a los que buscaban, entraron en consulta sobre si se volverían a la Nueva Vizcaya, de donde habían salido, o pasarían adelante, en lo cual hubo diversos pareceres. Pero como allí entendiesen que a la parte de Oriente de aquella provincia y muy distante de allí, había grandes pueblos y ricos, hallándose allí tan cerca, acordó el dicho capitán Antonio de Espejo, de consentimiento del Religioso ya dicho, llamado fray Bernardino Beltrán, y de la mayor parte de sus soldados y compañeros, de proseguir con el descubrimiento hasta ver en qué paraba, para poder dar de ello noticia cierta y clara a Su Majestad como testigos de vista. Y así conformes, determinaron que, quedándose allí el Real, fuesen el capitán con dos compañeros en demanda de su deseo, que lo pusieron por obra. Y a dos días de camino toparon con una provincia donde vieron treinta y un pueblos, y en ellos mucha gente que a su parecer pasaba en número de cuarenta mil ánimas. Era tierra muy fértil y abastecida, cuyos confines están inmediatamente juntos con las tierras de Cibola, donde hay muchas vacas, de cuyos cueros se visten, y de algodón, siguiendo en la manera de gobierno el orden que guardan sus convecinos. Hay señales de muchas minas ricas, y así hallaban metales de ellas en algunas casas de los indios, los cuales tienen y adornan ídolos. Recibiéronlos de paz y diéronles de comer. Visto esto y la disposición de la tierra, se volvieron al Real de donde habían salido, a dar noticia a sus compañeros de todo lo sobredicho.

Llegados al Real, como está dicho, tuvieron noticia de otra provincia llamada los Quires, que está el río del Norte arriba 6 leguas de distancia, y como se partiesen para allá y llegasen a una legua de ella, les salieron a recibir de paz mucha cantidad de indios, y a rogar que se fuesen con ellos a sus pueblos; que como lo hiciesen, fueron muy bien recibidos y regalados. Vieron solamente cinco pueblos en esta provincia, en los cuales había muy gran cantidad de gente, y la que ellos vieron pasaba de quince mil ánimas, y adoran ídolos, como sus vecinos. Hallaron en uno de estos pueblos una urraca en una jaula, como se usa en Castilla, y tirasoles como los que traen de la China pintadas en ellos el Sol y la Luna y muchas estrellas. Donde como tomasen la altura, se hallaron en 32 grados y medio debajo del Norte.

Salieron de esta provincia, y caminando por el propio rumbo y a 14 leguas hallaron otra provincia, llamada los Cumanes, donde vieron otros cinco pueblos, y el principal de ellos y más grande se llamaba Cia, que era tan grande, que tenía ocho plazas, cuyas casas eran encaladas y pintadas de colores, y mejores que las que habían visto en las provincias atrás. Parecióles que la gente que vieron pasaban de veinte mil ánimas. Hicieron presente a los nuestros de muchas mantas curiosas y de cosas de comer muy bien guisadas, y juzgaron ser la gente muy curiosa y de mayor policía de cuanta hasta allí habían visto y de mejor gobierno. Mostráronles ricos metales y unas Sierras allí cerca de donde se sacaban. Aquí tuvieron noticia de otra provincia que estaba hacia el Nordeste, que se determinaron de ir allá.

Como hubiesen andado como 6 leguas, toparon con la dicha provincia, que se llamaba de los Ameges, en la cual había siete pueblos bien grandes y en ellos a su entender más de treinta mil ánimas. Uno de estos siete pueblos dijeron es muy grande y hermoso, que le dejaron de ir a ver así por estar detrás de una Sierra como por temor de algún ruin suceso, si acaso se dividían los unos de los otros. Es gente al modo de la de la provincia su vecina y tan abastada como ella y de tan buen gobierno.

A 15 leguas de esta provincia caminando siempre hacia el Poniente hallaron un pueblo grande llamado Acoma; era de más de seis mil ánimas, y estaba asentado sobre una peña alta que tenía más de 50 estados de alto, no teniendo otra entrada sino por una escalera que estaba hecha en la propia peña, cosa que admiró mucho a los nuestros. Toda el agua que en el pueblo había era de cisternas.

Vinieron los principales de paz a ver a los españoles y trajéronles muchas mantas y gamuzas muy bien aderezadas y gran cantidad de bastimentos. Tienen sus sembrados 2 leguas de allí y sacan el agua para regarlos. de un río pequeño que está cerca, en cuya ribera vieron muy grandes rosales, como los de acá de Castilla. Hay muchas Sierras con señales de metales, aunque no subieron a verlo por ser los indios de ellas muchos y muy belicosos. Estuvieron los nuestros en este lugar tres días, en uno de los cuales los naturales les hicieron baile muy solemne saliendo de él con galanos vestidos y con juegos muy ingeniosos, con que se holgaron en extremo.

Veinticuatro leguas de aquí hacia el Poniente dieron con una provincia que se nombra en lengua de los naturales Zuny, y la llaman los españoles Cibola: hay en ella gran cantidad de indios: en la cual estuvo Francisco Vázquez Coronado y dejó muchas cruces puestas y otras señales de cristiandad que siempre se hallaban en pie. Hallaron así mismo tres indios cristianos, cuyos nombres eran Andrés de Coyoacán, Gaspar de México y Antonio de Guadalajara, los cuales tenían ya casi olvidada su misma lengua y sabían muy bien la de los naturales, aunque a pocas vueltas que les hablaron, se entendieron fácilmente; de quien supieron que sesenta jornadas de allí había una laguna o lago, muy grande, en cuyas riberas estaban muchos pueblos grandes y buenos, y que los naturales tenían mucho oro, de lo cual era indicio el traer todos brazaletes y orejeras de ello; y que como el sobredicho Francisco Vázquez Coronado tuviese noticia muy cierta de ello, había salido de esta provincia de Cibola para ir allá y habiendo andado doce jornadas, le faltó el agua y se determinó de volver, como lo hizo, con determinación de tornar otra vez más de propósito a ello, que después no lo puso en ejecución porque la muerte le atajó los pasos y pensamientos.

Capítulo X. Prosigue del Nuevo México

A la nueva de la riqueza dicha quiso acudir el dicho capitán Antonio de Espejo; aunque eran de su parecer algunos de sus compañeros, la mayor parte y el religioso fue de contrario, diciendo era ya tiempo de volverse a la Nueva Vizcaya de donde habían salido, a dar cuenta de lo que habían visto, que lo pusieron por obra dentro de pocos días la mayor parte, dejando al capitán con nueve compañeros que le quisieron seguir: el cual, después de haberse certificado muy por entero de la riqueza arriba dicha y de mucha abundancia de metales que en ella había muy buenos, salió con los dichos sus compañeros de esta provincia y caminando hacia el propio Poniente, después de haber andado 28 leguas, hallaron otra muy grande, en la cual les pareció había más de cincuenta mil ánimas, cuyos moradores, como supiesen su llegada, los enviaron un recaudo diciendo: que si no querían que los matasen no se acercasen más a sus pueblos. A lo cual respondió el dicho capitán que ellos no les iban a hacer mal, como lo verían, y que así les rogaban no se pusiesen en llevar adelante su intento, dando al mensajero algunas cosas de las que llevaba. El cual supo también (sic) abonar a los nuestros y allanar los pechos alborotados de los indios, que les dieron lugar de voluntad para que entrasen; que lo hicieron con ciento cincuenta indios amigos, de la provincia de Cibola ya dicha, y los tres indios mexicanos de quien queda hecha mención. Una legua antes que llegasen al primer pueblo; les salieron a recibir más de dos mil indios cargados de bastimentos, a quien el dicho capitán dio algunas cosas de poco precio que a ellos les pareció ser de mucho y las estimaron más que si fueran de oro. Llegando más cerca del pueblo, que se llamaba Zaguato, salió a recibirlos gran muchedumbre de indios, y entre ellos los caciques, haciendo tanta demostración de placer y regocijo, que echaban mucha harina de maíz por el suelo para que la pisasen los caballos. Con esta fiesta entraron en él y fueron muy bien hospedados y regalados, que se lo pagó en parte el capitán con dar a todos los más principales sombreros y cuentas de vidrio y otras muchas cosas que llevaba para semejantes ofrecimientos.

Despacharon luego los dichos caciques recado a todos los de aquella provincia, dándoles noticia de la venida de los huéspedes y de cómo eran hombres muy corteses y no les hacían mal: lo cual fue bastante para hacerles venir a todos cargados de presentes para los nuestros, y de que los importunasen fuesen con ellos a holgarse a sus pueblos; que lo hicieron, aunque siempre con recato de lo que podía suceder. Por lo cual el dicho capitán usó de una cautela, y fue decir a los caciques que, por cuanto los caballos eran muy bravos y les habían dicho que los querían matar, sería necesario hacer un Fuerte de cal y canto donde meterlos para evitar el daño que querían hacer en los indios. Creyéronlo los caciques tan de veras, que dentro de pocas horas juntaron tanta gente que hicieron el dicho Fuerte que los nuestros querían con una presteza increíble. De más de esto, diciendo el capitán que se quería ir, le trajeron un presente de cuarenta mil mantas de algodón pintadas y blancas y mucha cantidad de paños de manos con borlas en las puntas y otras muchas cosas, y entre ellas metales ricos y que mostraban tener mucha plata. Hallaron entre estos indios muy gran noticia de la laguna grande arriba dicha, y conformaron con los otros en lo tocante a las riquezas y mucha abundancia de oro.

Fiado el capitán de esta gente y de sus buenos ánimos, acordó a cabo de algunos días de dejar allí cinco de sus compañeros con los demás indios amigos para que volviesen a la provincia de Zuny con el bagaje, y de irse él con los cuatro que quedaban a la ligera en descubrimiento de cierta noticia que tenía de unas minas muy ricas. Lo cual puesto por obra, se partió con las guías que llevaba; y como hubiese caminado hacia el propio Poniente 45 leguas, topó con las dichas minas y sacó con sus propias manos riquísimos metales, y de mucha plata; y las minas que eran de una veta muy ancha, es-taban en una Sierra donde se podía subir con facilidad a causa de haber para ello camino abierto. Cerca de ellas había algunos pueblos de indios serranos que les hicieron amistad y les salieron a recibir con cruces en las cabezas y otras señales de paz. Aquí cerca toparon dos ríos razonables, a cuyas orillas había muchas parras de uvas muy buenas, y grandes noguerales, y mucho lino como de Castilla; y dijeron por señas que detrás de aquellas Sierras estaba uno que tenía mas de 8 leguas de ancho, pero no se pudo entender que tan cerca, aunque hicieron demostración que corría hacia la mar del Norte y que en las riberas de él de una y otra banda hay muchos pueblos tan grandes, que en su comparación aquellos en que estaban eran barrios.

Después de haber tomado toda esta relación, se partió el dicho capitán para la provincia de Zuny, adonde había mandado ir a los dichos compañeros. Y como llegase a ella con salud habiendo ido por muy buen camino, halló con ella a sus cinco compañeros y al dicho padre fray Bernardino con los soldados, que se habían determinado de volver, como ya dijimos, que aún no se había partido por ciertas ocasiones, a los cuales los naturales habían hecho muy buen tratamiento y dádoles todo lo necesario muy cumplidamente, haciendo después lo mismo con el capitán y los que con él venían, a quien salieron a recibir con demostración de alegría y dieron muchos bastimentos para la jornada que habían de hacer, rogándoles que volviesen con brevedad y trajesen muchos Castillas, que así llaman a los españoles, y que a todos les darían de comer; por lo cual para poderlo hacer con comodidad, habían sembrado aquel año más trigo y semillas que en todos los pasados.

En este tiempo se ratificaron en su primera determinación el dicho Religioso y soldados arriba dichos, y acordaron de volverse a la provincia de donde habían salido con el designio que queda dicho, a quien se juntó Gregorio Hernández, que había sido Alférez en la jornada: los cuales partidos, quedando el capitán con solos ocho soldados, se resolvió de seguir lo comenzado y correr por el río Norte arriba, que lo puso por obra. Y habiendo caminado como 60 leguas hacia la provincia de los Quires ya dicha, 12 leguas de allí hacia la parte del Oriente hallaron una provincia que se llamaba los Hubates, donde los indios los recibieron de paz y les dieron muchos mantenimientos y noticia de que cerca de allí había unas minas muy ricas, que hallaron y sacaron de ellas metales relucientes y buenos, con los cuales se volvieron al pueblo de donde habían salido. Juzgaron esta provincia por de hasta veinticinco mil ánimas, todos muy bien vestidos de mantas de algodón pintadas y gamuzas muy bien aderezadas. Tienen muchos montes de pinares y cedros, y las casas de los pueblos son de a cuatro y cinco altos.

Aquí tuvieron noticia de otra provincia que estaba una jornada de allí, que se llamaba de los Tamos, en que había más de cuarenta mil ánimas, donde coro llegaron no les quisieron dar de comer los moradores de ella ni admitirlos en sus pueblos. Por lo cual y el peligro en que estaban y estar algunos soldados enfermos y ser tan pocos como habemos dicho, se determinaron de irse saliendo para tierra de Cristiandad y lo pusieron en ejecución a principio de julio del año de 83 guiados por un indio que se fue con ellos y los llevó por camino diferente del que a la venida habían traído, por un río abajo a quien llamaron de las vacas por haber gran muchedumbre de ellas en toda su ribera; por donde caminaron 130 leguas, topándolas ordinariamente. De aquí salieron al río de las Conchas, por donde habían entrado, y. de él al valle de San Bartolomé de donde habían salido para dar principio al descubrimiento. Y ya cuando llegaron hallaron que el dicho fray Bernardino Beltrán y su compañero habían llegado a salvamento al dicho pueblo muchos días había, y que de allí se habían ido a la villa de Guadiana. Hizo en este pueblo el dicho capitán Antonio de Espejo información muy cierta de todo lo arriba dicho, la cual envió luego al conde de Coruña, virrey de aquel Reino, y él a Su Majestad y a los señores de su Real Consejo de las Indias para que ordenasen lo que fuesen servidos, que lo han ya hecho con mucho cuidado. Nuestro Señor se sirva de ayudar este negocio de modo que tantas almas redimidas con su sangre no se condenen, de cuyos buenos ingenios en que exceden a los de México y Perú según se entendió de los que los trataron, se puede presumir abrazarán con facilidad la ley evangélica, dejando la idolatría que ahora la mayor parte de ellos tiene. Que lo haga Dios como puede para honra y gloria suya y aumento de la santa fe católica romana.

Heme detenido en esta relación más de lo que para Itinerario se requería, y helo hecho de intento por ser cosa nueva y poco sabida y parecerme no sería disgusto para el Lector. Tras esto, me parece será bien volver a lo comenzado y proseguir el viaje y descripción del Nuevo Mundo comenzado, volviendo a la ciudad de México de donde hice la digresión para contar el descubrimiento de el Nuevo [México].

Capítulo XI. Pártese de fa ciudad de México y vase al Puerto de Acapulco en la Mar del Sur, donde se embarcan para las Islas Filipinas. Pásase por la isla de los Ladrones y pónense las condiciones y riquezas de aquella gente

De la ciudad de México se van a embarcar al puerto de Acapulco, que es en la Mar del Sur y está en 19 grados de elevación del Polo y 30 leguas de la ciudad de México, que todas ellas son pobladas de muchos lugares de indios y españoles. En este puerto se embarcan y caminan al Sudoeste hasta bajar a 12 grados y medio por buscar vientos prósperos, que los hallan (los que llaman los marineros brisas) y son tan favorables y continuos, que, como sea en los meses de noviembre, diciembre y enero, por maravilla tienen necesidad de tocar a las velas, lo cual es causa de que naveguen por él con tanta facilidad, que por ella y por las pocas tormentas que en él hay, le han dado nombre de Mar de Damas. Corren por el Poniente siguiendo siempre al Sol cuando se aparta de nuestro hemisferio. Por este Mar del Sur, caminando cuarenta días pocos más o menos sin ver tierra, al fin de ellos se topan las Islas de las velas, que por otro nombre son llamadas de los Ladrones, las cuales son siete u ocho: están puestas Norte Sur y son habitadas de mucha gente de la manera que luego diremos. Estas islas están en 12 grados, y hay opiniones diferentes de las leguas que hay desde el puerto de Acapulco hasta ellas porque hasta el día de hoy ninguno lo ha podido saber de cierto por navegar del Este a oeste, cuyos grados nunca ha habido quien los haya sabido mensurar. Unos echan a este viaje 1.700 leguas, otros 1.800, pero la opinión de los primeros es tenida por más cierta.

Todas estas islas están pobladas de gente blanca y de buenas facciones de rostro, semejantes en esto a las de Europa, aunque no en los cuerpos, porque son tan grandes como gigantes, y de tantas fuerzas que han acaecido a uno de ellos tomar dos españoles de buen cuerpo y estando en el suelo asir al uno de un pie con uña mano, y al otro de otra, y levantarlos con la facilidad que si fueran dos niños. Andan desnudos de pies a cabeza, así hombres como mujeres, aunque algunas de ellas suelen traer unos pedazos de cuero de venado atados por la cintura de hasta media vara de largo por honestidad; pero éstas son, muy pocas, respecto de las que no lo traen. Las armas que usan son hondas y varas tostadas, que así en lo uno como en lo otro son muy diestros tiradores. Mantiénense de pescados que toman en la costa y de animales bravos que matan en las montañas alcanzándolos por pies.

En estas islas hay una costumbre la más peregrina de cuantas se han visto y oído en el mundo, y es: que a los mancebos les tienen señalado tiempo limitado para casarse según su costumbre, y en todo él pueden entrar libremente en las casas de los casados y estar con sus mujeres sin ser por ello castigados, aunque lo vean los propios maridos; los cuales llevan una vara en la mano y cuando entran en las casas de los casados, la dejan a la puerta, de manera que los que llegan a ella la pueden ver fácilmente, y es señal para que aunque sea el propio marido no pueda entrar hasta que la haya quitado: lo cual se guarda con tanto rigor que si alguno fuere contra esta ley, le quitarían todos los demás luego la vida. No hay en todas estas islas rey ni Señor conocido a quien los demás estén sujetos, y así vive cada uno como quiere. Entre los de las unas islas y otras suele haber guerra cuando se ofrece ocasión, como acaeció estando en el puerto de dicha Isla Española a donde como llegasen cantidad de 300 barquillos en que venían muchos de los naturales a vender a los de las naos gallinas, cocos, batatas y otras cosas de las que hay en aquellas islas, y a comprar otras de las que los nuestros llevaban, y especial hierro a que son muy aficionados y cosas de cristal y de poco momento, sobre cuáles habían de llegar a la nao con la canoa primero los de una isla o los de la otra, hubo entre ellos una gran contienda hasta llegar a las manos y herirse malamente como bestias, de lo cual murieron muchos en presencia de los nuestros, y no cesó la cuestión hasta que por bien de paz hicieron concierto entre ellos con infinitas voces: que los de una isla comprasen por la parte de babor del navío y los de la otra por la de estribor, con lo cual se apaciguaron y compraron y vendieron lo que pretendían. Luego en pago de la buena contratación, al despedirse de los nuestros les arrojaron en la nao varas tostadas con que hirieron algunos de los que estaban en la cubierta, pero no se fueron alabando, que los nuestros les pagaron el atrevimiento de contado con algunos arcabuzazos.

Estima esta gente el hierro más que la plata y que el oro, por el cual daban frutas, ñames, batatas, pescado, arroz, jengibre y gallinas y muchas esteras galanas y bien labradas, y todo ello casi de balde. Son estas islas muy sanas y fértiles, y serían muy fáciles de conquistar a la fe de Cristo, si cuando pasan las naos a Manila, se quedasen allí algunos Religiosos con soldados que les guardasen hasta el año siguiente, que sería a poca costa. No se sabe hasta ahora qué ritos ni ceremonias tengan, porque ninguno entiende su lengua ni ha estado en estas islas sino de paso, y a esta causa no se ha podido entender. La lengua que usan es fácil de aprender, al parecer, porque se pronuncia muy claramente. Al jengibre llaman asno y para decir quitá allá el arcabuz, dicen arrepeque. Ningún vocablo pronuncian por las narices, ni dentro de la garganta. Entiéndese que son todos gentiles por algunas señales que los nuestros les han visto hacer, y que adoran a los ídolos y al demonio, a quien sacrifican lo que prenden en guerra de sus comarcanos. Créese que descienden de los Tártaros por algunas particularidades que entre ellos se hallan que tienen símbolo con las de allá. Están estas islas Norte Sur de la tierra del Labrador, que está cerca de Terranova, y no distan mucho de la isla de Japón. Tiénese por muy cierto contratan con los Tártaros y que compran el hierro para vendérselo a ellos. Pusiéronles a estas islas los españoles que por ellas pasan isla de Ladrones, porque realmente lo son todos ellos y muy atrevidos y sutiles en el hurtar, en la cual facultad pueden leer cátedra a los Gitanos que andan en Europa. Para verificación de esto contaré una cosa que acaeció en presencia de muchos españoles, que les causó hasta admiración, y fue: que como un marinero estuviese a la banda de babor del navío puesto por el capitán para que no dejase entrar ninguno en él y se embebeciese mirando algunas canoas de los isleños (que son unas barquillas en que ellos navegan hechas todas de una pieza) con su espada en la mano, uno de ellos se zambulló debajo del agua hasta llegar adonde estaba él, bien descuidado de cosa semejante, y sin verlo le arrebató la espada de las manos y se tornó a zambullir con ella; y como el marinero diese voces declarando la bellaquería que el isleño le había hecho, se pusieron algunos soldados con sus arcabuces para tirarle cuando saliese debajo del agua. El isleño que lo vio, salió encima del agua mostrando las manos y haciendo señas que no llevaba nada en ellas, que fue causa de que no le tirasen los que estaban a punto de hacerlo. Dentro de poco espacio (en el cual estuvo descansando) se tornó a zambullir y nadó debajo del agua tanto que no podía ya llegar la bala del arcabuz a hacerle daño, y pareciéndole que estaba seguro, sacó la espada de entre las piernas, donde la llevaba escondida, y comenzó a esgrimir con ella mofando de los nuestros a quien tan fácilmente había engañado. Este hurto, y otros muchos muy sutiles que han hecho, les ha dado nombre de Ladrones, y ha sido causa que a todas las islas donde ellos viven denominan de ellos, que lo perdonarían fácilmente por hallar de ordinario donde ejecutar su buena inclinación.

Capítulo XII. Pártese de las Islas de los Ladrones y llégase a las de Luzón o Filipinas por otro nombre: cuéntase las cosas particularidades de aquellas islas

Desde estas Islas de los Ladrones caminando hacia el Oeste casi 200 leguas hasta la boca que llaman del Espíritu Santo, se entra luego en el Archipiélago, que son innumerables islas, casi todas pobladas de naturales y muchas conquistadas de los españoles, o por guerra o amistad. Al cabo de 50 leguas de él está la ciudad de Manila, que es en la isla de Luzón, donde vivía de ordinario el gobernador de todas las dichas islas, y los oficiales de Su Majestad, y donde está el obispo o Iglesia Catedral. Está esta ciudad en 14 grados y un cuarto, y alrededor de ella hay tantas islas, que hasta hoy ninguno las ha podido contar. Extiéndense todas de Nordeste a Sudoeste y Norte sur, tanto que por una parte llegan al Estrecho de Sincapura (que está 25 leguas de Malaca) y por otra hasta los Malucos y otras islas donde se coge infinito clavo, pimienta y jengibre, de lo cual hay montes muy grandes.

Los primeros que descubrieron estas islas fueron españoles que vinieron a ellas en compañía del famoso Magallanes, y no las conquistaron porque sabían más de navegar que de conquistar. Por cuya causa después de haber descubierto y pasado el Estrecho (hasta el día de hoy se llama de su sobrenombre) y llegados a la isla de Zubú, donde bautizaron algunos de los naturales, después en un convite los mismos isleños le mataron a él, y a otros cuarenta compañeros, que fue causa que Sebastián de Guetaria, natural de Vizcaya, para escapar con la vida se metiese en una nao que había quedado del viaje, que después se llamó la Victoria, y con ella y muy poca gente que le ayudó con el favor de Dios llegó a Sevilla, habiendo dado vuelta a todo el mundo desde Oriente a Poniente, cosa que causó a todos gran admiración, y al Emperador Carlos V nuestro Señor, de gloriosa memoria, más en particular: el cual después de haber hecho grandes mercedes al Sebastián de Guetaria, dio orden que se tornase a hacer nueva Armada y que volviesen en demanda de aquellas islas y a descubrir aquel nuevo mundo. Y luego que fue puesta en orden para navegar, que se hizo con mucha brevedad, señaló por general de toda la Flota a un fulano de Villalobos, mandándole ir por la vía de Nueva España. Este Villalobos arribó a las islas Malucas y a las de Terrenate y a otras a ellas juntas, las cuales estaban empeñadas por el Emperador ya dicho a la Corona de Portugal.

En estas islas tuvieron muchas guerras por respeto de los portugueses, y viéndose con poca resistencia y mal recado para proseguir la conquista, desistieron de ella, yéndose los más de ellos con los sobredichos portugueses a la India de Portugal, de donde después los enviaron medio presos al mismo rey de Portugal, como a hombres delincuentes y que habían entrado en sus islas sin su licencia. El cual no solo no les hizo daño, pero los trató muy bien y envió a sus tierras a Castilla, dándoles lo necesario para el camino muy cumplidamente. De allí a algunos años el rey don Felipe nuestro Señor, queriendo que el descubrimiento que el Emperador su padre con tantas veras había procurado, se siguiese, envió a mandar a don Luis de Velasco, que era su virrey en la Nueva España, que hiciese Armada y gente para tornar a descubrir las dichas islas y que enviase en ellas por gobernador de todo lo que se descubriese a Miguel López de Legazpi; que se cumplió todo como Su Majestad lo mandaba e hicieron el descubrimiento de la manera que en la primera relación de la entrada de los padres Agustinos en la China largamente se ha contado.

Fueron estas islas antiguamente sujetas al rey de la China hasta la dejación voluntaria que el hizo de todas ellas por las razones ya dichas en la primera parte de esta historia; y a esta causa, cuando los españoles llegaron a ella las hallaron si cabeza ni Señor a quien obedeciesen, mandando en cada una de ellas el que más poder y más gente tenía. Esto y el haber muchos de igual poder, era ocasión de que siempre tuviesen entre sí continuas guerras civiles sin respeto alguno ni a parentesco ni a otra obligación más que si fueran animales irracionales, despedazándose, matándose y cautivándose los unos a los otros, que fue lo que ayudó y favoreció a nuestros españoles para sujetar la tierra por Su Majestad tan fácilmente, poniéndoles por nombre Islas Filipinas por respecto de su nombre. Usaban entre ellos hacer cautivos y esclavos con grande facilidad en guerras ilícitas y por causas muy leves: lo cual remedió Dios con la ida de nuestros españoles. Iba un hombre con 40 o 50 compañeros o criados y daba de repente en una aldea de gente pobre y desapercibida para semejante asalto, y atábanlos a todos llevándolos por esclavos, sin otra causa ni razón, y servíanse de ellos toda la vida, o vendíanlos en otras islas. Y si acaso uno prestaba a otro un cesto de arroz o dos que valían hasta un real, con condición que dentro de diez días se lo devolviese, si el deudor no pagaba el propio día o el siguiente, había de pagar doblado, y después iba doblando la deuda de día en día, hasta que venía a ser tan grande, que para pagarla le era forzado darse por esclavo. A todos los que lo eran con estos títulos y otros semejantes, ha mandado la Majestad Católica del rey nuestro Señor dar libertad, aunque no se cumple de todo punto este justo mandamiento, por ser los que lo han de ejecutar interesados en él.

Todas estas islas eran de gentiles e idólatras: hay ya en ellas muchos millares de bautizados, con los cuales usó nuestro Señor de gran misericordia enviándoles el remedio para sus almas a tan buen tiempo, que si los españoles se detuvieran algunos años, fueran el día de hoy todos moros, porque habían ya venido algunos de los que hay de este secta en la isla de Burneo a enseñársela, y no estaban ya muy lejos de adonde el falso profeta Mahoma, cuya pérfida memoria fue con el Santo Evangelio de Cristo fácilmente extirpada. Adoraban en todas estas islas al Sol y Luna y otras segundas causas y algunas figuras de hombres y mujeres, a quien en su lengua llaman Maganito a cuyas fiestas, que las hacían muy suntuosas y con grandes ceremonias y supersticiones, llamaban Magaduras. Entre todos estos tenían en mayor veneración a un ídolo, cuyo nombre es Batala: la cual reverencia la habían tornado por tradición, y así no sabían decir en qué había sido mayor que los demás por donde mereciese mayor estima. En unas islas que estaban cerca llamadas de los Illocos, adoraban al diablo haciéndole muchos sacrificios en pago y agradecimiento de mucho oro que él les daba. Ya por la bondad de Dios y por la buena diligencia que han puesto los padres Agustinos, que fueron los primeros que pasaron en aquellas partes y han trabajado y vivido loablemente, y por la de los padres de San Francisco que fueron diez años después, todas estas islas, o las más de ellas, están bautizadas y debajo de la bandera de Jesucristo, y los que quedan han sido más por falta de Ministros y Predicadores que por repugnancia de parte suya. Ya han pasado allí los padres jesuitas, que ayudarán para ello con su acostumbrado trabajo y celo, y ahora van muchos Religiosos muy doctos y varones apostólicos de la Orden de Santo Domingo que trabajaron en aquella viña del Señor con tantas veras, como lo hacen donde quiera que está.

Capítulo XIII. Decláranse algunas cosas notables que hay y se han visto en estas Islas Filipinas

Acostumbraban los de estas islas a celebrar sus fiestas ya dichas y a hacer los sacrificios a los ídolos por orden de unas mujeres hechiceras a quien en su propia lengua llamaban Holgoi, y eran entre ellos tenidas en tanta estimación como entre los cristianos los sacerdotes. Estas hablaban muy de ordinario con el demonio y muchas veces públicamente, y hacían endemoniadas hechicerías con palabras y obras, a las cuales visiblemente se seguía revestírseles el mismo demonio, y luego respondían a todo lo que les preguntaban, aunque las más veces diciendo mentira o cosas a quien se pudiese dar muchas interpretaciones y diversos sentidos. Usaban también de echar suertes de la manera y modo que ya habemos dicho en la primera parte de esta historia; y eran tan agoreros que si comenzaban algún camino y al principio de él topaban acaso algún caimán o lagarto o otras algunas sabandijas a quien conocían por de mal agüero, dejaban al punto el camino, aunque les importase mucho, y se volvían a sus casas diciendo que el cielo no quería que prosiguiesen aquel camino.

Todas estas falsedades que les tenía el demonio persuadidas, las ha derribado la ley evangélica, como queda dicho, y hay entre ellos muchos monasterios poblados de Religiosos de la Orden de San Agustín y San Francisco y del Nombre de Jesús. Las almas convertidas y bautizadas hasta el día de hoy en estas islas dice la común opinión que pasan de cuatro mil, que, aunque es gran número para las muchas que quedan por convertir, es muy pequeño, dejándolo de hacer, como ya he dicho, por falta de ministros: porque, aunque Su Majestad envía de ordinario, sin tener respeto a los muchos gastos que en esto hace, como las islas son tantas y se van descubriendo de cada día y están tan lejos, no se puede acudir a todos como la necesidad lo demanda. Los que se bautizan toman la fe con firmeza y son buenos cristianos, y lo serían mejores si les ayudaran con buenos ejemplos, los que por serlo mucho tiempo ha tienen obligación a ello, lo cual hace a algunos de ellos tan aborrecibles de aquellos naturales, que aun pintados no los querrían ver. Para prueba de esto y para mover a los que tienen el poder pongan en ello remedio, pondré aquí un caso extraño que acaeció en realidad de verdad en una de estas islas y es en todas ellas muy sabido y público, y fue: que murió en ella un isleño, hombre principal entre ellos, a pocos días después de haberse bautizado, y como la muerte le sobreviniese estando contrito de los pecados que antes del bautismo y después había hecho contra Dios, por permisión divina apareció después a muchos de aquella isla, a quien persuadía a recibir luego el bautismo con eficacísimas razones y con declararles como quien lo había experimentado, el premio de la Bienaventuranza que por él y por vivir después conforme a los mandamientos de Cristo se les daría sin ninguna duda. Para esto les contó y dijo que, luego que murió, había sido llevado por los ángeles a la gloria, donde todas las cosas que había eran de deleite y contento, el cual se comunicaba con solo ver a Dios; y que en ella ninguno entraba ni podía entrar que no fuese bautizado, como predicaban los Castillas, de los cuales y de otros que se les parecían había infinitos allá. Por tanto, que si querían ellos ir a gozar de aquellos bienes y deleites, era necesario primero bautizarse, y después guardar todos los mandamientos que predicaban los padres que estaban entre los Castillas. Luego al punto se les desapareció y quedaron entre ellos tratando acerca de lo que habían oído, que fue causa de que algunos se bautizasen luego y que otros lo dilatasen y dijesen que por el mismo caso que había allá soldados Castillas, no querían ellos ir allá por no entrar en su compañía. Todo este daño hace un desalmado con un mal ejemplo, a quien los muchos buenos que de ellos hay en todas partes (y en aquéllas muy en particular) habían de remediar y castigar asperísimamente.

Estas Islas en su primer descubrimiento tuvieron fama de mal sanas, y después la experiencia ha enseñado lo contrario. Es tierra fertilísima y produce mucho arroz, trigo, cabras, gallinas, venados, búfalos, vacas y muchos puercos, cuya carne es tan sana y sabrosa como la del carnero de España. Hay en ella muchos gatos de algalia. Tiene infinitas frutas muy buenas y sabrosas, gran abundancia de miel y pescado y todo ello por precios tan bajos que casi son de balde. Hay mucha canela, y aunque no hay aceite de olivos si no lo llevan de Nueva España, hay mucho ajonjolí y de linaza, de lo cual gastan de ordinario en aquella tierra sin hacer falta el de olivas. Hay mucho azafrán, clavo y pimienta, nuez moscada y otras muchas drogas, mucho algodón y seda de todos los colores, de las cuales traen a ellas los mercaderes chinos gran cantidad cada año, a donde vienen más de veinte navíos cargados de piezas de diferentes colores, y de loza, pólvora, salitre, hierro, acero y mucho azogue, bronce y cobre, harina de trigo, nueves y castañas, bizcochos, dátiles, lencería, escritorios labrados con muchos matices, tocas de red, buratos, espumillas, aguamaniles de estaño, pasamanos, franjas de seda y hilo de oro hilado por modo jamás visto en la Cristiandad, y otras muchas curiosidades, y todo como digo, lo dan a muy bajos precios. Las cosas de la propias Islas se venden también muy baratas, porque se hallarán cuatro arrobas de vino de palma, que a falta del de uvas es muy bueno, por cuatro reales; doce fanegas de arroz, por ocho; tres gallinas, por uno; un puerco entero, por ocho; un búfalo, por cuatro; un venado, por dos; y ha de ser muy bueno y grande; cuatro arrobas de azúcar, por seis; una botija de aceite de ajonjolí, tres; dos cestos de azafrán, dos; seis libras de pimienta o clavo, uno; 200 nueces moscadas, otro: y una arroba de canela, seis; un quintal de hierro o acero, 100 reales; treinta platos de porcelana fina, cuatro; y todo lo demás a este respecto.

Entre las cosas notables que los nuestros han visto en aquellas islas y en el Reino de la China y en los demás por donde han pasado, una de las que más lo ha compelido a admirar y a encomendarla a la memoria, es un árbol que se llama ordinariamente palma de cocos, a diferencia de la del dátiles, y con gran razón, porque es planta tan provechosa y misteriosa que ha acaecido venir a estas Islas navío, que así él como lo que traía dentro para vender y las sogas y jarcias y velas y mástiles y clavazón era hecha de este árbol, y la mercaduría que traían era mantas hechas de cortezas de él con mucho primor y sutileza, y así mismo todo el mantenimiento que traía para matalotaje de treinta hombres que en él venían hasta el agua. Certificaron los mercaderes que venían en este navío que en toda la Isla de Maldivas de donde venían no se coge otro mantenimiento ni le hay, sino lo que da este árbol, del cual hacen también las casas con sus techos y de la fruta sacan un meollo muy sabroso y sano, cuyo sabor imita al de las avellanas verdes, y cortando el racimo donde se crían estos cocos (que es la fruta principal, y tiene cada uno de ordinario un cuartillo de agua suavísima y delicada) toda aquella sustancia se recoge al tronco de árbol, donde está dado un barreño por el cual sacan toda aquella agua, que es mucha; de ella con otras cosas que le mezclan se hace buen vino y el que se bebe en todas las Islas y Reino de la China. De esta propia agua hacen vinagre y del meollo que dije aceite medicinal y leche como de almendras, miel y azúcar muy sabrosa. Estas y otras muchas virtudes tiene la palma, que las he declarado en parte por ser cosa notable y que causa admiración a todos los que pasan a aquellas partes, dejando de decir lo que resta por no ser largo.

Cerca de la ciudad de Manila, de la otra banda del río hay un pueblo de chinos bautizados que se han quedado a vivir en ella por gozar de la libertad evangélica; hay entre ellos muchos oficiales de oficios mecánicos, como zapateros, sastres, plateros, herreros y de otros oficios, y algunos mercaderes.

Capítulo XIV. Parten los padres Descalzos de la Isla de Luzón para la China: cuéntanse las cosas que en ella vieron

Como el designio principal con que estos religiosos habían salido de España fuese el ir al Gran Reino de la China a predicar el santo Evangelio y siempre tuviesen el mismo deseo, nunca trataban de otra cosa sino de ponerlo en ejecución y para esto daban muchas trazas, rogando algunas veces al gobernador les ayudase para conseguir su intento, pues sería fácil por haber de ordinario navíos de mercaderes chinos en el puerto de Manila. El gobernador los entretenía con muchas razones, y principalmente con ponerles delante la ley rigurosa que sabían por muy cierto estaba puesta contra los que entrasen en el reino sin licencia particular. Pero todas estas cosas no bastaban a resfriar el amoroso deseo de los dichos padres que tenían puesto su pensamiento en predicar el Evangelio en aquel reino por la vía que pudiesen, aunque fuese poniendo sus vidas a riesgo.

En consecuencia de esto el Comisario de aquellas islas, que era el padre fray Jerónimo de Burgos, eligió seis religiosos para ello, y entre ellos al padre Ignacio, de quien yo, como tengo dicho, supe por escrito y relación muchas cosas de las que se ponen en este Itinerario. De manera que con él eran siete religiosos, todos muy siervos de Dios y deseosos de la salvación de las almas, que era la causa por que se habían puesto en tan largo camino y dejado su natural y quietud. Estos siete con el beneplácito del gobernador don Gonzalo Ronquillo y del obispo, a quienes vencieron con sus ruegos y perseverancia, acompañándolos un español su amigo llamado Juan de Feria, natural del Andalucía, y otros dos soldados que iban con designio de ser frailes, y un portugués, y seis indios isleños: todos los cuales octavo día del Corpus que fue a 21 de junio de 1582, salieron del puerto de Cavite, donde se embarcaron en una fragata del dicho Juan de Feria.

Y habiendo dado la vela a las cinco de la tarde, fueron a amanecer 20 leguas sobre el puerto que dicen del Fraile, de donde acordaron hacerse luego a la mar, dejando de costear la isla de Manila, que está Norte Sur con la China: de la cual ciudad que está, como decimos, en 14 grados y medio hasta el cabo del Boxeador, que está en diecinueve, hay 100 leguas de navegación, y de este Cabo hasta tierra firme de la China, ochenta escasas de travesía. Y fue Dios servido que con haber tenido dos días de calma, al séptimo día, víspera de los Apóstoles San Pedro y San Pablo, a las ocho de la mañana descubrieron la tierra firme de la China, que luego que la vieron, mandó luego el dicho Comisario sacar los hábitos que llevaban hechos para vestir a los españoles para que, viendo los chinos que eran todos frailes, perdiesen toda mala sospecha de que fuesen espías, como lo habían pensado cuando fueron los primeros, según queda ya dicho; y no contentándose con esto, echaron todos los vestidos de los soldados en la mar y un arcabuz de Juan de Feria con los frascos en que llevaba la pólvora y todo lo demás que creyeron les. podría dañar, si acaso errasen el puerto de los portugueses y diesen en la costa, como después les sucedió. Solamente la mecha del arcabuz se les olvidó, que por poco les costara bien caro.

Pues, como vista la tierra no la conociesen bien por no haberla visto jamás y por la misma razón ignoraban los puertos (no obstante que estaban cerca de la Bahía de Cantón) corriendo la costa al Nordeste, habiendo de correr al Sudoeste, que fue causa de llegar a la provincia de Chincheo. Este día a las cinco de la tarde vieron un puerto que no estaba lejos de ellos y navegando para él le tomaron surgiendo por la parte de afuera con harto temor de no saber la seguridad de él y el daño que de ello les podía venir. Luego en surgiendo vieron salir fuera muchos barcos grandes y pequeños, y en ellos muchos soldados con arcabuces, lanzas, espadas y rodelas y en las proas de los barcos algunos tiros pequeños. En llegando a tiro de mosquete del bergantín o fragata en que iban los nuestros, se pararon y comenzaron a tirar muchos arcabuzazos. Ellos que no llevaban armas ofensivas ni defensivas, la respuesta que daban a las pelotas era hacer muchas señales de paz, llamándoles con las manos que se llegasen más y que verían que no iban con ánimo de hacer mal. Todo esto no bastaba para que ellos dejasen de tirar ni para que se llegasen a la fragata. A este tiempo uno de los soldados chinos que había estado en Luzón y conocía a los nuestros, inspirado de Dios hizo señas a los demás para que dejasen de tirar, que lo hicieron luego, y él se llegó con su bergantín a la fragata y tras de él todos los demás. Los cuales, como vieron que ni tenían armas ni voluntad de huir de ellos, saltaron en ella esgrimiendo sobre las cabezas de los nuestros con las espadas desnudas y con muy gran alboroto lleváronlos luego dentro del puerto llamado Capsonzón, donde había un general de una gran Armada que estaba surta en el dicho puerto, el cual mandó luego llevar a su Nao capitana cuatro de los nuestros que entendieron se hacía para quitarles las vidas. Por lo cual, como no señalase personas, se ofrecieron los cuatro religiosos a ir y lo hicieron después de haberse confesado y despedido de los compañeros, llevando cada uno una Cruz en las manos y un Breviario sin otra cosa alguna.

Llegados a la presencia del capitán, le hallaron con más blandura de la que ellos pensaban, que lo debía de haber hecho Dios para comenzar a pagar a aquellos sus siervos el riesgo en que se ponían por servirle. Preguntóles de dónde venían y a qué, y otras cosas a este tono. Y como le satisficiesen diciéndole la verdad, los mandó volver a su fragata sin que les fuese hecho otro daño, aunque con precepto de no salir de ella sin su licencia. En esta reclusión estuvieron y con guardas de barcos y soldados tres días, y el último de ellos envió el capitán a llamar dos de los religiosos; y como llegasen ante él, los mandó llevar a un juez, su amigo, que estaba allí cerca. Estos jueces les hablaban con tanta gravedad y señales de aspereza, que cada vez que se veían delante de ellos les parecía que de allí los habían de mandar llevar a ajusticiar, y no hay duda sino que ellos tuvieron voluntad de hacerlo o de ponerles temor de muerte, porque se vio claro en cosas que mandaban, en especial un día que vino a ellos un juez con mucha gente armada y cercaron la fragata gran número de bergantines con señales muy claras de acometer-los o echarlos a fondo. A poco rato se quietaron y sosegaron y se subió el juez en un navío que estaba surto allí cerca y sentándose en una rica silla con gran guardia de soldados alrededor mandó a los que quedaban abajo en los bergantines fuesen luego a visitar y mirar lo que venía dentro de la fragata, enviando juntamente con ellos un intérprete de chincheo que entendía un poco la lengua portuguesa. Estos soldados llevaban unas maderas negras y otras señales tristes (que las usan en aquel reino cuando han de justiciar a alguno).

Después de haber hecho la visita, aunque no hallaron en la fragata cosa prohibida sino solo la mecha del arcabuz que dije, los mandaron luego em-barcar de dos en dos en los bergantines donde iban los soldados armados, los cuales enderezaron las proas a una torre que servía de cárcel para poner los ladrones que prendían en la costa, de donde ninguno salía si no para ser ajusticiado. Viendo esto los indios de las islas lloraban tan amargamente que a los nuestros movieron a gran compasión, con estar en el mismo trance y peligro y tener tan presente la muerte y tan tragada, que hubo dos religiosos que, viéndola tan cercana (aunque cuando estaba lejos daban muestras de no dárseles nada para ella), perdieron con su presencia de tal manera el sentido, que el uno en toda aquella noche no fue señor de él ni discernía más el peligro en que estaba que si fuera ya muerto; y el otro de pura imaginación y melancolía cayó en una grave enfermedad, de la cual murió de allí a algunos días en la ciudad de Cantón. Finalmente el más esforzado tuvo harto temor, y diera su vida por bien poco por tenerla ya perdida, y tener por cierto los llevaban a ello. Y a esta causa un soldado español de los que iban con designio de ser religioso y llevaba ya el hábito vestido, hallándose con 1.600 reales, los echó a la mar, diciendo: que pues iba a morir, quería que fuese en el hábito de San Francisco y en la pobreza en que el glorioso Santo vivió y murió, para imitarlo de veras.

Yendo todos con el temor ya dicho y llegando cerca de la torre, iba en seguimiento de los soldados que los llevaban un esquife con muchos remeros y gran prisa, el cual les dio voces diciendo que el capitán general había mandado volver aquellos presos a su nao. Púsose luego en ejecución y después de haberles hecho algunas preguntas, los tornó a mandar llevar a la propia torre otras dos veces; solo, a lo que pareció y juzgaron, para ponerles temor. Después de haberlos atemorizado con esta rigurosa tentación, el mismo capitán se metió en los bergantines y vino con ellos a tierra, donde, luego que llegó a ella, metió a los nuestros en un templo de ídolos que estaba edificado a la ribera del mar muy suntuosamente, a quien él hizo la reverencia acostumbrada, aunque los religiosos no obstante que estaban con tanto temor de morir, como habemos dicho, no le quisieron imitar, antes volvieron el rostro contra los ídolos, y les escupían, dando a entender con señales al capitán que no se habían de adorar, pues no tenían más del ser que los hombres les daban y que según buena razón al contrario los ídolos debían hacer reverencia a los hombres que los habían fabricado, y que a quien se debía la verdadera adoración era a Dios, y verdadero Criador de cielo y tierra. En este acto se vio bien claramente el don de fortaleza que el Espíritu Santo da a sus bautizados y cristianos, pues con estar estos religiosos tan temerosos y ver la muerte al ojo, como dicen, tenían ánimo para resistir y reprender a quien les podía quitar las vidas. El capitán, aunque mostró haber recibido pesadumbre de lo que les había visto hacer, no les hizo mal ninguno, antes los sacó fuera del templo y mandó a los soldados que quedasen allí en su guarda toda aquella noche, que la pasaron los nuestros tendidos por aquellos suelos, y aun lo tenían a dicha buena y daban gracias a Dios que los había cobrado de la muerte a que tan propincuos había estado.

Capítulo XV. Prosigue las cosas que dichos padres vieron y entendieron la segunda tez que entraron en la China y los trabajos que padecieron

Otro día siguiente de mañana el sacerdote de los ídolos abrió el templo, adonde como metiesen luego a los religiosos, le hallaron con sus ministros encendiendo muchas candelillas y poniendo perfumes a los ídolos con muchas y supersticiosas ceremonias, tras las cuales echó cierta manera de suertes entre ellos muy usada, que entendieron las echaban para consultar al diablo que estaba en los ídolos, sobre lo que harían de ellos; aunque esto no se puede entender claramente, mas de que luego los sacaron del templo y los llevaron los soldados a un juez que era generalísimo de toda la mar de aquella provincia y estaba 6 leguas de allí en una ciudad llamada Quixué, a la cual se va por un camino muy ancho, llano y empedrado, cuyas orillas estaban llenas de muchos sembrados y flores. Ayudados del favor de Dios llegaron los nuestros a la presencia de este general, aunque con mucho trabajo, por estar sin fuerzas para caminar, que las habían perdido en los sobresaltos ya dichos por espacio de ocho días.

Llegados a la dicha ciudad de Quixué los tuvieron los soldados en continua guarda, hasta que el día siguiente fueron llevados delante de aquel general que le hallaron en una casa muy grande y hermosa y que tenía dos patios, uno que respondía a la puerta de la calle y otro que estaba más en lo interior de la casa, y entrambos que estaban cerrados con rejas, había mucha cantidad y diversidad de árboles, y entre los árboles andaban paciendo mucho número de ciervos y otros animales brutos tan domésticos como ovejas. Delante de este patio último estaba un corredor en que había muchos soldados armados para guarda de la persona del general, que estaba en una sala muy grande y galana sentado en una silla de marfil con mucha majestad. Antes de entrar en el segundo patio dispararon de la parte de adentro algunos tiros y arcabuces y comenzaron a tocar un atambor tan grande que tenía por tres de los que se usan en España, y tras de él sonaron chirimías y trompetas y otros muchos instrumentos. Después de lo cual abrieron luego las puertas que estaban adelante del último patio junto al corredor ya dicho, desde donde se parecía el trono en que estaba sentado el general. Tenía delante de si una mesa con papeles y recado para escribir, cosa usada en todo aquel reino como queda ya dicho. Los soldados que estaban puestos de guarda tenían todos una misma librea de seda y estaban con tanto silencio y concierto, que causó espanto a los nuestros. Los primeros eran todos arcabuceros, y los segundos piqueros, y entre los unos y los otros estaba un rodelero con su espada. Serían los soldados que había en este corredor hasta cuatrocientos. Luego tras ellos estaban los verdugos con sus instrumentos para azotar, e inmediatos a ellos los escribanos y procuradores, obra de treinta pasos poco más o menos, apartados de la silla del general que la tenían cercada algunos caballeros al parecer y hasta una docena de pajecillos destocados y muy galanamente vestidos de seda y oro. Por entre estos soldados metieron a los nuestros. llevándolos con las señales e insignias que suelen presentar a los Jueces los condenados a muerte; y gran trecho antes de llegar a donde estaba el general, los hicieron poner de rodillas.

A este punto sacaron a juzgar ciertos chinos que estaban presos, y como se hubiese visto sus culpas y fuesen sentenciados por ellas, ejecutaron los verdugos las sentencias en presencia de los nuestros, desnudándolos primero los vestidos y atándolos de pies y manos con cuerdas muy apretadas, tanto que les hacían dar gritos que los ponían en el cielo. Tiénenlos así atados hasta ver lo que manda el juez, el cual, oída la culpa, si quiere que sean azotados, da una palmada en la mesa que está delante y luego le dan cinco azotes con unas cañas gruesas en las pantorrillas (de la manera que ya está dicho) y son tan crueles que ninguno puede sufrir cincuenta de ellos sin dar la vida. Dada la palmada, luego uno de los procuradores alza la voz, y a ella acuden los verdugos a ejecutar y dar los cinco azotes; y si merece más su culpa, da el juez otra palmada, y tórnale a dar otros cinco, y de esta propia manera todas las veces que al juez le parece. A los gritos que dan estos miserables no hacen los jueces más movimiento de piedad que si los azotes se diesen a unas piedras. Acabada la audiencia de los naturales, mandó el general llegar un poco más a los nuestros y los hizo mirar las vestiduras y todo lo demás, hasta los Breviarios y libros. Y luego tras esto, habiendo sido informado de los que los traían de cómo los habían prendido y de lo demás tocante a su venida al reino, los mandó llevar a la cárcel y tener a buen recado, y con gran guarda por espacio de algunos días, en los cuales pasaron increíbles trabajos, así de hambre como de sed y calor, que fue causa de que los más de ellos enfermaron de calenturas y cámaras.

Después de los días de la prisión los llevaron otra vez a la Audiencia, y otras muchas que fueron sacados a ser visitados, creyendo todas ellas los nuestros que los llevaban para no volver y para justiciarlos que ya les fuera de contento por librarse con una muerte de las muchas que cada día veían a los ojos. En la última de estas Audiencias decretó el general fuesen llevados por mar a la ciudad de Cantón, donde estaba el virrey de aquella provincia, para que él mandase justiciar o diese el castigo que le pareciese según la pena puesta a cualquiera extranjero que entrase en el reino sin licencia como ellos habían entrado. Cuando vieron que los llevaban de la cárcel a la mar, tuvieron por muy cierto era para ahogarlos en ella. Por lo cual (habiéndose confesado de nuevo y encomendado a Dios) se esforzaban y animaban los unos a los otros con la representación del premio que les estaba aparejado. Cuando llegaron a la barra donde los habían de embarcar, comenzó el mar a embravecerse tanto y tan repentinamente que pareció caso milagroso: tanto, que decían los soldados y marineros que jamás habían visto semejante tormenta, la cual duró por espacio de diez días y fue causa de que no los embarcasen y de que el general mudase parecer, determinando fuesen llevados por tierra a la gran ciudad de Saucheofu, como se puso por obra. En este camino ocuparon algunos días con cincuenta soldados de guardia, en los cuales vieron tantas curiosidades y riquezas que juzgaron esta tierra por la mejor del mundo.

Llegados a la ciudad con no pequeño cansancio y fatiga, a causa del largo camino y mal tratamiento que les hacían los soldados, luego los trajeron de Herodes a Pilatos, como dicen, sin dejarlos día ninguno de llevar a Audiencia pública o a juez particular. Es esta ciudad fresquísima dentro y fuera y llena de muchas huertas donde hay infinitas arboledas, frutales, jardines y estanques y otras cosas de grande recreación: la cual, con ser tres veces mayor que Sevilla, está toda cerrada de una muralla muy fuerte y las casas son muy bien edificadas y grandes. Las calles son por extremo lindas y muy anchas y largas, y tan derechas que desde el principio hasta el cabo se puede ver un hombre. De trecho a trecho con igual compás están edificados en ellas arcos triunfales (cosa común y ordinaria en todas las de aquel reino), sobre cuyas puertas tienen edificadas unas torres en que está puesta toda la artillería para defensa de la ciudad, como está dicho. Toda ésta la ceñía un río muy hermoso y grande por el cual andaban de ordinario infinitos barcos y bergantines y tiene tanto fondo que pueden llegar a la muralla por él galeras y aun navíos de alto bordo. A una parte de la ciudad está una isleta llena de gran recreación, a la cual se pasó por una hermosísima puente, cuya mitad es de piedra y la otra de madera, y es tan grande que en la parte que es de piedra contó el padre Ignacio treinta mesones o bodegones donde hallaban a comprar, no solamente cosas de comida de carne y pescado, sino muchas mercadurías de grande estima y valor, hasta ámbar y almizcle y telas de seda y brocado.

Capítulo XVI. Son enviados los nuestros de la ciudad de Hucheofú y cuéntase lo que en ella les sucedió

De la ciudad de Haucheofú fueron enviados a la de Hucheofú, que es más principal y mayor que la primera, acompañándolos y guardándolos siempre el número de soldados que queda dicho, haciendo una parte del camino por agua y otra por tierra, donde vieron tantas cosas y tan ricas que respecto de ellas les pareció nada todo lo que habían visto hasta allí: las cuales (aunque de muchas de ellas tenía relación particular), yo dejo de intento por no hacer de Itinerario historia, y lo principal, porque muchas de ellas parecen increíbles, y lo serán para los que no tienen mucha noticia de las grandezas de este reino. Las villas y ciudades que en el discurso del camino vieron fueron muchas y muy grandes y todas con muralla fuerte; y en una de ellas un gran río, en el cual había más de 500 anorias que estaban hechas con tal artificio, que con solamente la violencia de la corriente del río que las movía regaban todas las tierras a él cercanas por distancia de 2 leguas y más, sin otro favor ni impulso humano. En esta ciudad estuvieron algunos días en visitas y cumplimientos. Después de los cuales los mandaron ir a Cantón, de quien ya en las dos relaciones atrás se ha hecho particular mención. En llegando a la ciudad fueron llevados a la cárcel del Tequexí, que es donde están los condenados a muerte y donde ellos la vieron bien claramente. Allí los tuvieron muchos días, sacándolos los más de ellos y llevándolos a los tribunales de los jueces en compañía de otros condenados a muerte.

En este tiempo estaba en esta ciudad el Tutan, que es el virrey de la provincia, y el Chaer, que es visitador general, y era tiempo en que hacían grandes justicias para desocupar las cárceles donde había millares de hombres, y algunos de ellos que habían estado en ellas pasados de diez años. Hubo día de éstos en que en presencia de los nuestros sacaron a justiciar dos mil hombres, unos con pena de muerte, otros de azotes y otros de destierro, y de otras maneras de justicias, según la disposición y rigor de sus leyes. El día que ha de haber justicia capital usan de particulares ceremonias, como soltar ciertas piezas de artillería y cerrar las puertas de la ciudad sin ser permitido a ninguno entrar en ella ni salir hasta ser acabado el tal acto y justicia y otras muchas cosas, de la manera que queda dicho en la primera parte de esta historia.

Estando en esta ciudad y en tiempo tan calamitoso los nuestros, un caballero portugués llamado Arias Gonzalo de Miranda, capitán mayor de la ciudad de Macao y muy devoto de religiosos y amigo de castellanos, como entendiese el trabajo y peligro en que estaban, dio orden cómo librarlos poniendo en ello tanto cuidado que salió con su intento, de manera que los soltaron de la prisión y temor en que estaban por los ruegos de este caballero y porque con buena maña y amor deshizo la mala fama que contra ellos había, compeliéndolos con esto a revocar la sentencia rigurosa y de muerte que tenían fulminada. No se tratan en particular las cosas que a estos religiosos y siervos de Dios le sucedieron, así en la prisión como en los caminos, por ser muchas y que para decirse requerían mucho tiempo, y aun hacer nueva historia.

Aunque en los libros que quedan atrás se han tocado las riquezas y cosas de aquel reino en particular, para mayor certificación me pareció no sería sin propósito poner en el capítulo siguiente algunas de las que el dicho padre fray Martín Ignacio conmigo comunicó, usando en el tratarlas de tanta brevedad, que sirva más de epílogo que de nueva relación para mayor verificación de la verdad, para que ella sea más eficazmente entendida y creída, viendo que hay concordia entre las personas que vieron lo que aquí se pone y dice, y también porque el dicho padre y sus compañeros vieron algunas cosas más que los otros cuyas relaciones hemos puesto. Siendo la causa de esto el fiarse de ellos y dejarlos ver y entender muchos secretos como a hombres a quien tenían sentenciados a muerte, que llenamente se lo prohibieran si entendieran habían de tornar a salir fuera del reino, porque huyen con mucho cuidado que las demás naciones no sepan sus cosas secretas y manera de gobierno y de vivir.

Capítulo XVII. Trátase de la grandeza, bondad, riqueza y fortaleza del Reino de China

Está este reino debajo del Trópico de Capricornio y extiéndese su costa de mar de Sudoeste a Nordeste más de 500 leguas. Tiene por la parte del Sudoeste al Reino de Conchinchina y por la de Nordeste confina con la Tartaria, reino que le cerca la mayor parte de la tierra. Por la otra parte de Poniente tiene otro gran reino de gente blanca, que está más allá del reino de Persia, llamado Catay. Hay en él cristianos y el rey de ellos se llama Manuel. Dícese por muy cierto que desde lo último de este reino hasta Jerusalén hay seis meses de camino por tierra, lo cual se supo de unos indios que vinieron de aquel reino por la Persia, cuyos testimonios eran hechos en Jerusalén seis meses había, en los cuales dijeron habían caminado por Arabia la felice y pasado el Mar Bermejo.

Por la otra cuarta parte está este reino cercano de una asperísima Sierra que tiene 500 leguas de cordillera, donde, como quedasen algunos pedazos abiertos por naturaleza de la parte del Nordeste hasta distancia de 80 leguas para llegar al mar del Japón, que es hacia el Septentrión, suplió esto la gran riqueza de este reino y la mucha gente que en él hay, de la manera que en la primera parte de esta historia más largamente queda dicho: porque el rey de aquel reino, viéndose acosado del Gran Tártaro y pareciéndole que se podía defender de él fácilmente cerrando aquel portillo que la naturaleza había dejado abierto, lo hizo con muerte de muchos millares de hombres, por usar en ello de gran tiranía, que después fue causa de su propia muerte. Esta montaña con este suplemento humano es la muralla famosa del reino de la China, que tiene 500 leguas, aunque se han de entender de la manera dicha, para poderse creer que solas la 80 hizo el humano poder con mucha industria, y en ellas infinitos baluartes que la hacen más hermosa y fuerte, pero no tanto como lo es en las otras 420 leguas que fueron obradas por naturaleza. Cerca de ella hay un gran desierto lleno de muchos pantanales y lagunas, que ha sido la causa que este reino se haya conservado por espacio de dos mil años, según parece por sus mismas historias que se tienen por auténticas y verdaderas. Todo él está repartido en quince provincias con la de Aynao, y cada una de ellas tiene una ciudad principal de quien se denomina toda.

En medio de este reino está una laguna muy grande, de la cual salen muchos y muy caudalosos ríos que corren por todo él, de tal manera, que con ser tan grande, se navega por todo él en unas barcas, fragatas, bergantines y otras muchas maneras de bajeles. Esta abundancia de agua es causa de que sea fertilísimo y muy abastecido, por estar las más ciudades y villas edificadas en las riberas de los ríos y comunicarse por ellos todas las provincias, llevando de las unas a las otras muchas mercadurías y otras cosas de muchas curiosidad; y por haberse esto a poca costa, valen todas ellas a precios baratísimos.

La costa del mar de este reino es la mayor y mejor que se sabe en el mundo. Caen en ellas cinco provincias, que son la de Cantón, Chinchero, Siampón, Nanquín y la de Paquian, que es la última hacia el Nordeste, en la cual reside el rey y su Consejo de ordinario con toda la Corte y la mayor parte de la gente de guerra que tiene, por confinar esta provincia por aquella parte con los Tártaros, sus enemigos. Algunos quieren decir que el vivir el rey de ordinario en ella es por ser la mejor y más fértil del reino; pero yo creo, según algunos de los chinos dicen, que no es sino por la cercanía que tiene con la Tartaria y por hallarse donde pueda acudir a las necesidades que por parte del enemigo se pueden sobrevenir. Entre los brazos de estos ríos hay algunas islas que son de mucho provecho en todo aquel reino, porque se crían en ellas muchos venados, puercos y otros animales, que es ocasión de que las ciudades sean muy abastecidas.

Una de las cosas que más admira a los que van a este reino es ver la infinidad de navíos y barcos que hay en todos los puertos de él, que son tantos que, habiendo en la ciudad de Macao nombres que han apostado que solo en el río de Cantón hay más navíos y bajeles que en toda la costa de España. Una cosa puedo yo afirmar que he oído decir a personas fidedignas que han estado en este reino y en especial al padre Ignacio, a quien sigo en este Itinerario: que es tan fácil en cualquiera de las cinco provincias que están a la costa de la mar juntar mil navíos de guerra y todos dedicados a ella como en España diez. Qué sea la causa de haber tantos ya queda dicho en su propio capítulo.

Hay diversas opiniones en lo que. toca a la grandeza de este reino, pero los más conforman con la del padre fray Martín de Herrada, que como tan gran geómetra y matemático dio mejor en el punto. Esta opinión queda declarada atrás en la primera parte, a quien yo me remito en esto. Y en lo que toca a cosas particulares del reino por haberlas allí largamente puesto de la manera que de sus mismos libros fueron sacadas, una cosa no puedo dejar de decir por parecerme digna de hacer de ella memoria particular y la supe de boca del dicho padre Ignacio, y es: que la afirmaron por cosa certísima y averiguada que todos los días del año, uno con otro, sin guerras ni pestilencias que en este reino no se acuerdan haber habido ninguna ni se halla en sus historias escrita de dos mil años acá, ni hambre jamás y sin otras ocasiones accidentales, morían nueve millares de personas entre grandes y pequeños en todas las quince provincias de aquel reino, que no es poca lástima para los que con celo cristiano se pusiesen a considerar este pesadísimo tributo de tantas almas como el demonio cobra cada día y lleva a sus infernales moradas.

Es tanta la fertilidad de toda esta tierra, así por el regadío ordinario como por el temperamento del cielo, que casi todo el año hay cosecha, en especial de trigo y arroz, que así lo uno como lo otro vale tan barato, que acaeció a los nuestros en el discurso de su peregrinación comprar un pico de arroz o de harina de trigo, que son cinco arrobas de España, por valor de real y medio, y a este respecto valen todas las demás cosas, como ya queda dicho.

Dicen que la tierra adentro hay muchos elefantes, leones, tigres, onzas y otros animales bravos, de los cuales estos padres vieron pocos vivos y muchos pellejos de ellos, que lo tuvieron por señal de verdad. Hay muchos animales de almizcle, los cuales son del tamaño y parecer de un perro pequeño, a quien matan y entierran por algunos días y después de podrido toda la carne y sangre, se convierte en aquellos olorosos polvos. Hay asimismo muchos gatos de algalia y valen a muy poco precio; y gran cantidad de caballo. Y aunque los que los dichos padres vieron eran pequeños, es pública voz y fama que en algunas de las quince provincias los hay muy buenos, pero a éstas no llegaron y por esto no pudieron hablar de vista. Las gallinas, gansos, ánades y otras aves que hay por todas las partes de este reino son sin número y aun sin estima por esta causa y no es menor el abundancia de pescado, así de la mar como de los ríos, en la cual han conformado todos los que han contado las cosas de esta tierra y en el poco precio por que

68

se venden, que lo es tanto, que me afirmó el dicho padre y otros que han estado en aquel reino que con valor de 6 maravedíes pueden comer muy bien carne, pescado, arroz y fruta, y beber buen vino de lo de aquella tierra cuatro compañeros.

Hay en todo el reino muchas minas de oro y plata y todas muy ricas y no las deja labrar el rey sino con grande limitación, diciendo que lo que en ellas hay ya se está en casa; que procuren traer lo que hay en otros reinos. Con todo esto es tanta la abundancia que hay, así de lo uno como de lo otro y tan comúnmente, que no hay hombre, aunque sea oficial, que no tenga en su casa cosas de oro y plata y otras joyas muy ricas. Estiman en más en su tanto la plata que el oro, y dicen es la causa que el precio de oro es variable, como en Italia, y la plata está siempre en su ser y precio. Hay muchas perlas y en especial en la isla de Aynao, y mucha abundancia de azogue, cobre, hierro, acero, latón, estaño, plomo, salitre, azufre y otras cosas que suelen fertilizar un reino, y sobre todo hay mucho almizcle y ámbar. El rey de este reino, demás de la gran venta que tiene, es fama de tener grandes tesoros en todas las ciudades principales que son cabezas de provincia. En cuya conformidad, afirmaron por muy cierto al dicho padre en la ciudad de Cantón que todo el dinero que ha entrado en ella por espacio de quinientos años, así por vía de los portugueses como por la de los reinos de Cian y otros comarcanos, y todos los tributos de la provincia, estaban juntos en la casa del tesoro del rey, de aquella ciudad, que viene a montar según buena cuenta muchos más millones de los que se pueden nombrar para que se crean fácilmente. Es tan usado entre la gente de este reino vestir seda como en Europa lienzo, y traer hasta los zapatos de ella o de raso, y algunas veces de brocado con galanas pinturas. Esto causa la gran abundancia que hay de ella en todo él, que es tan grande, que salen de la ciudad de Cantón para las indias de Portugal cada año más de tres mil quintales, sin otros muchos que van para Japón, y más de quince navíos de ordinario a las islas de Luzón, y otra gran parte sacan los Sianes y otras naciones, y con toda esta saca ordinaria queda tanta en el reino que se pueden cargar muchas flotas.

Hay también mucho lino, algodón y otras telas y todo vale tan poco que me afirmó el dicho padre había visto vender una carga que son 15 brazas, en cuatro reales. La loza fina que hay en esta tierra no se puede decir con muchas palabras. La que se trae a España es muy basta, aunque a los que no han visto la más fina les parece buena; pero hayla allá tanto, que una vajilla de ella sería entre nosotros tenida en tanta estima, como de oro. La finísima no se puede sacar del reino so pena de la vida, ni la pueden usar en él sino solamente los Loytias que son los Caballeros, como ya dijimos. Hay mucha cantidad de azúcar, miel y cera, y tan barato como lo que arriba se ha dicho. Y para sumarlo todo, digo que viven en tanta abundancia, que todo les sobra y ninguna cosa les falta para los cuerpos, aunque de lo principal (que es el remedio de las almas) carecen tanto como por el discurso de esta historia se ha visto. Remédielos Dios como puede.

La renta que tiene el rey de este reino pusimos en su propio capítulo y así en este solo añadiré que me dijo el dicho padre que solamente un río que se llama de la sal en la provincia de Cantón, le valía al año millón y medio, y, que aunque la renta ordinaria de cada año era mucha y en que excedía al mayor rey de los que se saben en el mundo, en los tesoros que tiene recogidos y guardados (si es verdad lo que dicen los chinos) en todas las ciudades principales de las quince provincias, muchos juntos no le igualan ni llegan con mucho. Todas las ciudades y villas de este reino son cercadas de murallas de cantería con baluartes de 50 en 50 pasos, y alrededor de todas ellas comúnmente, o hay río o cava muy honda donde se puede meter agua, con lo cual son muy fuertes. No usan fortalezas ni las tienen sino solamente unas torres sobre las puertas de las ciudades, como queda dicho, y allí ponen toda la artillería que hay para defensa de la tal villa y ciudad. Usan de muchas maneras de armas, en especial de arcabuces, arcos y lanzas de tres o cuatro maneras, y también de espadas, que son como alfanjes y con ellas rodelas. Todos los soldados cuando van a pelear llevan unas ropas largas hasta la rodilla llenas de algodón muy bien estofado, las cuales resisten a una lanza y a una estocada. Los que lo son y llevan por ello sueldo real, traen por insignia de ello sombreros colorados o amarillos, de los cuales hay tantos, así de pie como de a caballo, que casi es imposible poderlos contar. Y es opinión muy común de todos los que han estado en este reino y los han visto, que en todos los de España, Francia y en los del Gran Turco no hay tanto número de ellos como hay en solo él. Hay capitanes de a diez soldados, de a 100, de a 1.000, de a 10.000 y de a 20.000, y de esta manera hasta llegar a 100.000. Todos estos soldados se conocen y el número de soldados que gobiernan por ciertas insignias que cada uno de ellos trae. Hacen reseña y alarde todas las lunas nuevas y el mismo día se paga el sueldo a cada uno de ellos irremisiblemente y ha de ser la paga en plata y no en otra moneda. Dicen los que han visto hacer esta paga, y en especial el dicho padre Ignacio, que les dan un pedacito de plata que pesará como real y medio de España, y esto es más para allá que cuatro escudos entre nosotros respecto del valor de las cosas. En el uno y en el otro reino el día que reciben la paga hace cada uno demostración en acto de las armas que usa en presencia de los Veedores; y al que hallan que no las ejercita con destreza, la reprenden y castigan ásperamente. Escaramuzan con mucho concierto; y en lo que toca a ser obedientes a los capitanes y a las señales que acostumbran usar en la guerra, pueden competir con todas las naciones del mundo.

Capítulo XVIII. Trátase de algunos ritos y, ceremonias y, otras señales que en este Reino se hallan de haber tenido noticia de la Ley Evangélica

Las ceremonias que entre la gente de este reino hasta hoy se han visto son gentílicas y sin mezcla de moros ni de otra ninguna secta, aunque se hallan algunos entre ellas que dan bastante claro indicio de haber en algún tiempo tenido noticia particular de la ley evangélica, como se ve claramente por algunas pinturas que entre ellos se han hallado y visto (de quien habemos hecho particular mención), las cuales se cree entendieron por la predicación del Bienaventurado Apóstol Santo Tomás que pasó por este reino cuando fue a la India y de allí a la ciudad de Salamina, que en su lengua se llama Malipur, donde le martirizaron por el nombre y fe de Jesucristo, de quien dicen el día de hoy se acuerdan en aquel reino por la tradición de sus antepasados que les dijeron que muy grandes tiempos ha estuvo en aquel reino un hombre que les predicaba una Ley nueva por donde podrían ir al cielo. El cual después de haberlo hecho por algunos días y en ellos visto que hacía poquísimo fruto por andar todos ocupados en guerras civiles, se partió para la dicha India, dejando primero algunos discípulos bautizados e instruidos en las cosas de la fe para que la predicaran en la primera ocasión que se les ofreciese.

Adoran al demonio en muchas partes por solo que no les haga mal, y así me dijo el dicho padre que, habiéndose hallado diversas veces presente al hacer de las obsequias de algunos chinos que morían, vio que tenían pintado delante del muerto un diablo furioso con el Sol en la mano izquierda y en la derecha una daga, con la cual hacía ademán de quererle herir; y que esta misma pintura ponían cuando el tal estaba a punto de expirar, haciéndole mucha fuerza que ponga en ella su atención. Y como el padre les preguntase la causa que tenían para hacer esto, le respondieron algunos que porque el diablo no hiciese mal al difunto en la otra vida, se le ponían delante para que le conociese y tuviese por amigo.

Lo que se ha entendido de estos chinos es que, aunque tienen muchos errores gentílicos, serían fáciles de reducir a nuestra fe si hubiese libertad para predicársela y ellos la tuviesen para recibirla. Cuando se eclipsa el Sol o la Luna, tienen por muy cierto que el Príncipe del cielo les quiere quitar la vida, y que de puro temor se ponen de aquel color; y aunque universalmente adoran en ellos, creen por muy cierto que el Sol es hombre, y la Luna mujer; y a esta causa cuando se comienzan a eclipsar, hacen grandes sacrificios e invocaciones al Príncipe dicho, rogándole que no los mate por la grande necesidad que de ellos tienen. Todos universalmente creen la inmortalidad del alma y que en la otra vida se ha de dar premio o castigo según como vivió en ésta el tiempo que estuvo en compañía del cuerpo. Por esto usan hacer muy galanas sepulturas en los campos, donde se mandan enterrar después de muertos. Cuando los quieren sepultar, matan todos los criados o mujeres a quien ellos quisieron más en la vida, diciendo que lo hacen para que vayan con ellos a servirles en la otra, donde creen han de vivir eternamente sin tornar a morir. Meten con ellos algunas cosas de comer y grandes riquezas, creyendo que todo lo llevan a la otra vida y que allá les ha de servir y aprovechar para suplir las necesidades de ella. En este propio error estaba antiguamente los indios del Perú, como lo han visto por experiencia nuestros españoles.

Hay en este reino muchas universidades y Estudios en que se enseña filosofía natural y moral y las Leyes del reino para gobernar por ellas. A las cuales envía el rey visitadores ordinarios para que vean y entiendan el recado que tienen y para que premien y castiguen a los estudiantes conforme a los méritos de cada uno. Avergüénzanse mucho de que los vean hacer alguna cosa mala, aunque por ella no hayan de ser castigados, y es gente que admite fácilmente la corrección, como lo experimentaron el padre Ignacio y seis compañeros, los cuales con andar siempre como condenados a muerte, todas las veces que los veían hacer reverencia a los ídolos o al diablo o otra cosa mala, los reprendían con mucha libertad, y no solo no les hacían mal por ello, mas holgaban de oír las razones con que se lo prohibían. Contóme el dicho padre que pasando un día por una ermita donde vivía un ermitaño a quien tenían por santo, como en el altar de ella estuviese un ídolo y delante de él un chino principal haciéndole adoración, el dicho padre sin ningún temor se fue para él y le comenzó a reprender y escupir al ídolo, haciendo con esto que cesase la adoración: de lo cual se quedaron admirados así él como todos sus compañeros y del atrevimiento que había tenido, con que se quedó sin que por ello le fuese hecho mal ninguno, o por tenerle el principal por hombre loco, o lo que es más creíble por haber obrado Dios con su siervo y querido pagarle el servicio que le había hecho volviendo por su honra con templar la furia de aquel hombre y darle conocimiento de que era reprendido con razón.

Hanse convertido muchos chinos, así en las islas Filipinas como en la ciudad de Macao, y se van bautizando cada día dando muestras y señales de ser buenos cristianos. Los cuales dicen que la mayor dificultad que hay para convertirse todo el reino será la que harán los que gobiernan en él; que han menester particularísimo auxilio de la misericordia de Dios para venir a la fe por estar tan entronizados, tenidos y obedecidos que son dioses de la tierra. Demás de esto, ellos se dan a todos los regalos que un entendimiento humano puede pensar, por tener en ello puesta su felicidad, que lo hacen con tanto extremo, que no debe de haber en el mundo gente que en esto les llegue. Porque, demás de andar siempre en andas riquísimas y en hombros de hombres y cubiertos de seda y oro, son tan dados a banquetes y comidas y a tantas diversidades de guisados, cuantas su apetito les quiere demandar. Y espanta mucho que, con ser las mujeres de este reino castísimas y recogidas tanto como la que más, los hombres son muy viciosos, y en especial los señores y gobernadores; y como el exceso de todas estas cosas las reprende nuestra fe con tanta aspereza y terror, creo no dejará de ser gran impedimento a la entrada del Evangelio, aunque podría Dios tocarles de tal manera, que todo esto se les hiciera fácil. En la gente plebeya no había esta dificultad, antes abrazarán con gran contento nuestra santa Ley, porque será causa de libertarlos de la tiranía del demonio y de los jueces y Señores que los tratan como a esclavos. Esta es opinión de todos los que han entrado en este reino y tratado de esta materia con los chinos.

Tienen algunas cosas buenas y dignas de ser imitadas, de las cuales pondré aquí dos que, a mi parecer, son particulares. La una, que a ninguno se da oficio de gobierno por ninguna vía, aunque intervengan sobornos y amistad, sino solamente por los méritos de su habilidad y suficiencia. Lo segundo, que ninguno puede ser virrey, gobernador ni juez de provincia o ciudad de donde sea natural: lo cual dicen hacen para quitar la ocasión a hacer injusticias llevados del parentesco o amistad. Las demás cosas de este reino remito a lo que queda dicho, por pasar a los demás de quien este Itinerario ha prometido hacer mención.

Capítulo XIX. Trátase de las Islas de Japón y de las cosas de aquel reino

Las Islas de Japón, que son muchas y todas hacen un gran reino que está repartido entre muchos señores, distan de la tierra firme de la China por espacio de 300 leguas y medio (entre ambos reinos la provincia de Lanquín que es una de las quince, ya nombradas), aunque yendo desde Macao, ciudad de portugueses y cercana a la de Cantón, que es en la propia China, no se ponen más de 250, caminando siempre hacia el Norte; y estas mismas se cuentan comúnmente desde las Islas de Luzón o Filipinas a las mismas de Japón, a las cuales se puede ir muy fácil, y por la Nueva España por ser mejor y más segura la navegación y más corto el viaje, pues, según la cuenta de los pilotos que navegan aquel mar no hay más de 1.750 leguas, que no viene a ser la mitad de lo que hay por donde hacen la navegación los portugueses.

Demás de ser estas Islas muchas, como ya he dicho, están muy pobladas de gente, que se diferencia poco de los chinos en los rostros y cuerpos, aunque no son tan políticos. Por lo cual parece ser verdad lo que se halla escrito en las historias del Reino de la China acerca de que estos japoneses antiguamente fueron chinos, y que vinieron de aquel gran Reino a estas islas, donde están poblados por el caso siguiente: Un pariente del rey de la China, hombre de mucho valor y brío, habiendo concebido en su entendimiento de matar al rey y hacerse señor del Reino, para ponerlo en ejecución dio parte de su mal intento a otros amigos suyos, pidiéndoles para ejecutarlo su favor y prometiéndoles el suyo, después de acabado, y de tenerlos siempre por especiales amigos; los cuales, no pareciéndoles cosa dificultosa y movidos de ambición, se lo prometieron y en confirmación de ello comenzaron a hacer gente y a apercibirla por un día señalado. Y como esto no se pudiese poner en efecto con tanto secreto como el negocio requería, vino a ser descubierta la traición y declarada al rey tan a tiempo, que lo tuvo para remediar el daño muy a su salvo y con mucho de su contrario y pariente y los demás sus seguidores: los cuales todos fueron con facilidad presos. Determinados por los del Real Consejo que todos los traidores fuesen degollados según las leyes del Reino y llevando al rey la sentencia para que la confirmase, como supiese que todos estaban muy arrepentidos y apesarados del pecado y traición que contra él habían intentado, acordó se remediase con menos daño, temiendo el que las muertes podían causar, mandando no muriesen, sino que fuesen para siempre desterrados de todo el Reino, con obligación precisa de vivir siempre ellos y sus mujeres e hijos y descendientes en islas que ahora llaman de Japón, que estaban desiertas y sin gente.

Ejecutóse esta sentencia y los culpados la aceptaron por misericordia; y así fueron llevados a las dichas islas, donde viéndose fuera de su natural e imposibilitados de volver a él, ordenaron su República como cosa perpetua, encaminando todas las leyes que para su conservación y gobierno hicieron, contrarias a las de los chinos de donde descendían, y haciendo particularmente una en que prohibía para siempre el tener amistad sus descendientes con los de los chinos, y los amonestaba a hacerles todo el mal que les fuese posible, como lo guardan el día de hoy inviolablemente, mostrándose sus contrarios en todas las cosas que pueden, hasta en los trajes, lengua y costumbres: por lo cual no hay nación mas aborrecida a los chinos que los dichos japoneses, pagándose los aborrecidos en la misma moneda. Y aunque en aquel tiempo los dichos japoneses fuesen súbditos y tributarios del rey de la China, y mucho tiempo después, ahora no solo no lo son, mas hacen algunas burlas bien pesadas a los de aquel Reino.

Tienen mucha plata, aunque no tan fina como es la de nuestras Indias. Así mismo gran abundancia de arroz y carnes, y en algunas partes hay trigo. Y con tener todo esto y muchas frutas y hortalizas y otras que comen de ordinario, no son tan abastecidas como las de sus comarcanos; y no está el defecto en la tierra, porque es muy buena y fructífera, sino en que los naturales se dan poco a cultivarla y sembrarla, por ser más aficionados a cosas de guerra que a ello, y ésta es la razón de carecer algunas veces de mantenimientos, y la que éstos y los que han estado en ellas dan para ello.

En todas estas islas hay sesenta y seis reinos o provincias y muchos reyes, aunque mejor se dirían régulos o principales, como los que hallaron nuestros españoles en las islas de Luzón; y a esta causa, aunque se llaman reyes, ni lo son en el trato ni en la renta, que tienen muy poca respecto de la gente, que es mucha. El rey Noburianga, que murió el año de 1583, era el más principal y mayor señor de todas ellas, así de gente como de riqueza: el cual fue muerto por un capitán suyo, castigando Dios por este medio su luciferina soberbia que excedió en mucho a la Nabucodonosor y había llegado a querer ser adorado por Dios, para lo cual había mandado hacer un templo muy suntuoso y poner en él cosas que denotaban bien su locura; de las cuales, para que se vea cuán grande era, pondré aquí tan solamente las que prometía a quien visitase su templo. Lo primero, que los ricos que viniesen al dicho templo y adorasen su figura, serían mucho más ricos, y los que fuesen pobres alcanzarían grandes riquezas, y que así los unos como los otros que no tuviesen sucesores para ellos, los tendrían y vida muy larga, de la cual gozarían con mucha paz y reposo. Lo segundo, que les sería prolongada la vida hasta ochenta años. Lo tercero, que serían sanos de todas sus enfermedades y alcanzarían cumplimiento de sus deseos con salud y tranquilidad. Y lo último, mandaba guardar fiesta todos los meses el día de su nacimiento y que visitasen su templo en ellos, con certificación de que todos los que tuviesen fe en él y en lo que les prometía, lo verían sin ninguna duda todo cumplido; y los que en esto fuesen falsos y defectuosos, en esta vida y en la otra irían camino de perdición. Y para que mejor esta su voluntad se cumpliese, mandó poner en este templo todos los ídolos que en sus reinos eran más venerados, y a quien acudía más frecuencia de peregrinos; y luego vedó que ninguno de todos ellos fuese adorado sino solo él, que era el verdadero Fotoque y Dios del universo y autor de la naturaleza. Estas locuras hizo este soberbio rey poco antes de su miserable muerte, y otras muchas que dejo por temor de no ser más largo en este Itinerario. A esté soberbio rey ha sucedido en el Reino un hijo suyo llamado Vocequixama, a quien por ser de poca edad gobierna el día de hoy un valeroso capitán llamado Taxivandano.

Todos los hombres que nacen en esta tierra son naturalmente inclinados a robos y guerras, y las tienen de ordinario entre sí propios, llevando siempre la mejor parte el que la tiene en el poder y fuerza; y aun éste goza de poquísima seguridad, porque nunca le falta horma de su zapato, como dicen, y quien le saltee y robe la victoria cuando más sin pensamiento de ello está, vengando las injurias los unos a los otros, sin ser para esto rogados. Por esta causa jamás faltan entre ellos guerras civiles, que parecen ser influencia del clima de la tierra. Esto y el continuo ejercicio de las armas y el robar, les ha dado nombre de belicosos, y tienen atemorizados a sus vecinos y comarcanos. Usan de muchas armas, especialmente de arcabuces y espadas y lanzas, y son diestros de ambas a dos cosas. En la tierra firme de la China han hecho algunas presas y saltos, saliendo bien y a su salvo de ellos; y queriendo hacer lo propio en las islas de Luzón y puesto para ello los medios posibles, les ha salido muy al revés de su pensamiento y han vuelto las espaldas a mal de su grado y las manos en la cabeza. Una vez vinieron a los Ilocos, los cuales con el favor de los españoles, cuyos vasallos son, se defendieron tan valerosamente, que los japoneses tuvieron por bien de volverse a sus casas dejando su intento comenzado, y con presupuesto de no meterse en semejante peligro otra vez y, lo que es más, con pérdida y muerte de muchos de ellos. La misma muerte y desgracia les sucedió pocos años ha en la China, adonde como fuesen diez mil de ellos a robar y a la entrada saquearan una ciudad con muy poco daño, y no previniéndose para el daño que les podría sobrevenir, los chinos ofendidos los cercaron de manera que cuando despertaron de su descuido los japoneses se hallaron de suerte que les fue forzado darse a sus enemigos, y ellos se pagaron a su voluntad de la injuria recibida, escarmentando muy bien a los que la oyeron para huir de ponerse en semejante trance, y vengándose muy a la suya los chinos de la injuria que de ellos tenían recibida.

Está la fe de nuestro Señor muy introducida en algunas de estas islas por la buena diligencia y trabajo de los padres jesuitas, y muy en particular la que en ello puso el Santo Maestro Francisco Xavier, uno de los diez compañeros del padre Maestro Ignacio de Loyola, fundador de la dicha Religión, el cual trabajó con grandísimo celo en la conversión de las dichas islas, ayudando para ello mucho su santa doctrina y apostólica vida, como lo confiesan el día de hoy los propios japoneses, atribuyendo a él, después de Dios, el bien que por el bautismo les ha venido, a quien han imitado bien al vivo los padres de la dicha Compañía que quedaron después de su muerte y los que después acá han ido a ellas; y así se les deben justísimamente las gracias por haber ablandado tan diamantinos corazones, como son los de los naturales de estas Islas, cuyos ingenios, aunque son buenos y sutiles naturalmente, se conocen inclinados a guerras y robos y a hacer mal. Y el día de hoy, con ser cristianos, siguen sus malas inclinaciones. Con todo esto, por la buena doctrina y ejemplo de los dichos padres son mejores cristianos que los de la India Oriental.

No pongo aquí el número de los bautizados que hay en estas islas, así por haber de diversas opiniones, como porque los padres jesuitas lo tienen muy distinta y difusamente declarado en sus cartas. Los portugueses dicen, que, respecto de la gente que hay que convertir, es muy poca la que se ha bautizado, y que muchos lo dejan de hacer por falta de ministros y predicadores, que se podría remediar fácilmente con mandar pasar a ellas religiosos de otras Ordenes para que ayudasen a los dichos padres jesuitas, lo cual sería para ellos muy particular contento y regalo, a lo que yo creo, como se ha visto por experiencia en todas las partes de las indias donde han llegado religiosos a lugares de sus doctrinas; porque es tanta la gente que hay en estas islas, que, aunque fuesen muchos obreros del Evangelio y todas las Religiones, no se impedirían los unos a los otros y tendrían todos harto en que ocuparse, especialmente si el sucesor de Noburanga se convirtiese con sus vasallos.

Son los hombres de estas islas bien dispuestos y proporcionados y andan bien tratados, aunque no tanto como los de la China, y viven muy sanos y mucho tiempo por usar poca diferencia de mantenimientos. No permiten médicos ni se curan sino con medicinas simples.

Hay entre ellos muchos sacerdotes de los ídolos, a quien llaman bonzos de los cuales hay grandes conventos; y hay entre ellos grandes hechiceros y que hablan de ordinario con el demonio, los cuales no son pequeño impedimento para que la ley de Dios no se reciba en este reino. Las mujeres de estos japoneses son reconocidas y salen muy poco fuera de sus casas, en lo cual se parecen mucho a las de la China, como queda dicho, y con haber en cada casa muchas, porque les es lícito por sus leyes tener todas las que quisieren y pueden sustentar, son tan prudentes que se conservan en mucha paz. Los criados y criadas sirven a sus amos como si fuesen sus esclavos, a los cuales pueden matar conforme a su voluntad sin incurrir por sus leyes en ninguna pena, cosa bien ajena de buena policía. Otras muchas cosas de este Reino pudiera tratar; dejo por la razón arriba dicha y porque los padres de la Compañía lo han tratado en sus cartas difusa y muy verdaderamente.

No lejos de estas Islas de Japón han descubierto de poco acá unas que llaman las Amazonas, por ser todas pobladas de mujeres, cuyas armas ordinarias son arco y flecha y muy diestras en ello; traen el pecho derecho seco para ejercitar mejor el arco. A estas Islas van cada año en ciertos meses algunos navíos de japoneses a llevar mercadurías y traer de las que ellas tienen, en las cuales tratan con las dichas Amazonas como con sus propias mujeres, y para evitar entre sí enojos usan el modo que se sigue: En llegando las naos, saltan en tierra dos mensajeros a dar aviso a la Reina de su venida y del número de los hombres que en ellas vienen, la cual les señala el día en el cual se han de desembarcar todos y el mismo día lleva ella a la playa igual número de mujeres que el que le trajesen de los hombres, las cuales llegan primero que ellos se desembarquen, y llevando cada una un par de zapatos o alpargatas en la mano con su señal distinta a las de las demás, los ponen en el arenal de la playa sin orden ni concierto y al punto se apartan de allí. Saltando en tierra los hombres, cada uno se calza los primeros zapatos que topa y luego salen las mujeres y llevan por huésped a su casa a aquel a quien le cupo en suerte el calzarse sus zapatos, sin que en ello haya más particularidad de como cae en suerte, aunque sea la del hombre más vil de todos topar con los de la Reina o por el contrario. Acabados los meses señalados por la Reina en los cuales permiten los hombres ya dichos se parten dejando cada uno seña a su huéspeda de su nombre y pueblo para si acaso quedó preñada y pariere hijo se lo lleven el año siguiente a su padre, quedándose ellas con las hijas. Esto se me hace dificultoso de creer, aunque me lo han certificado Religiosos que han hablado con persona que dos años a esta parte ha estado en las dichas islas y han visto las dichas mujeres; y lo que me hace más fuerza es ver que los padres de la Compañía que viven en el Japón no hayan en sus cartas tratado de este particular. Crea cada uno lo que acerca de esto le diere más gusto.

Capítulo XX. Dase noticia de algunos reinos comarcanos a estas Islas de Japón y trátanse algunas cosas según la noticia más verdadera que por aquellas partes se ha tenido y de ciertos milagros que acaecieron en el reino de Cochinchina, que fueron notables

Desde la ciudad de Macao, que está poblada de portugueses y asentada en la falda de tierra firme de la tierra de China en 22 grados, caminó el dicho padre Ignacio para Malaca pasando por el Golfo de Ainao, que es una isla y provincia de la China, 5 leguas de la tierra firme y de las Filipinas 180. Es una provincia muy rica y de muchos mantenimientos; y en un Estrecho que se hace entre ella y la tierra firme hay muy gran pesquería de perlas y aljófar, y las que se hallan exceden en muchos quilates a las que se traen de Varen, que es en la costa de Arabia, y las que vienen de Manar, que es otro reino de donde vienen muchas al de la China. Esta provincia de Ainao es muy buena y fuerte, y la gente de ella dócil y bien inclinada.

Desde esta isla al reino de Cochinchina hay 25 leguas y desde Macao 125. Es un gran reino y está en 16 grados de altura y por una parte pegado con la tierra firme de la China. Todo él se reparte en tres provincias: La primera entra 40 leguas la tierra adentro y hay en ella un reino poderoso. La segunda está más metida en la dicha tierra y es señor de ella otro rey de mayor poder que el primero. Y junto a ésta, más hacia el Septentrión está la última, que es mucho mayor y más rica, cuyo rey es respecto de los otros dos como Emperador, y así lo llaman en su lengua turquín, que lo significa. Están a él sujetos los otros dos primeros reyes, y él con ser tan poderoso y que le llaman Emperador, lo está al rey de la China y le paga parias y tributos. Es tierra muy abastecida de mantenimientos y tan baratos como en la China, y hay en ella mucho palo del Águila y otro que llaman calambay, que es asimismo muy oloroso; y mucha abundancia de seda y oro y de otras cosas curiosas. Todos estos reinos están muy a pique de reducirse a nuestra santa fe, porque el rey principal a quien dan el título de Emperador ha enviado diversas veces a Macao y a otras partes donde hay cristianos a pedir le envíen personas doctas y religiosas que los instruyan en la ley de Dios, porque están todos determinados de recibirla y de bautizarse; que esto lo desean con tantas veras, que en muchas ciudades tienen la madera cortada para edificar iglesias y apercibidos los demás materiales para eso necesarios. Un religioso descalzo de la Orden de San Francisco que estaba en Macao sabiendo el buen deseo de este rey, le envió un paño grande en que estaba pintado el juicio y el infierno de muy buena mano, con ciertos mercaderes portugueses que entraban en su reino, y una carta por la cual le significaba tener grandísimo deseo de ir con algunos compañeros a su reino a predicar el Santo Evangelio. Recibido todo por el dicho rey e informado de lo que significaba la pintura y del religioso que la enviaba se holgó en extremo con el presente, enviando otro muy bueno en retorno al dicho religioso y una carta muy comedida aceptando el ofrecimiento que por la suya le había sido hecho, y prometiendo por ella a los que fuesen todo buen tratamiento y de hacerles luego casa junto a la suya. El religioso, aunque deseó poner en ejecución la voluntad del rey, no lo pudo hacer por entonces a causa de tener pocos compañeros: de donde vino el dicho rey a sentirse y a enviar a pedir al obispo de Macao por tres o cuatro cartas los dichos religiosos, con certificación de que teniéndolos, él y los de su reino recibirían la fe de Cristo y el santo bautismo. A las cuales respondía siempre con prometimiento de que se los enviaría; y que como después no lo cumpliese, se quejó el rey de ello a unos portugueses con mucho sentimiento, diciendo: Este vuestro obispo de Macao mucho miente, pues con haberle pedido con cuatro cartas me enviase religiosos para la predicación de la ley evangélica y él prometido condescender con mi voluntad, nunca me ha cumplido la palabra.

Hasta el día de hoy no han conseguido este deseo por la mucha falta que hay de ministros que piden en todas aquellas partes y no poder suplir su necesidad, si no fuese dejando desamparados a los ya bautizados, entreteniéndolos con buenas esperanzas y promesa de que con la mayor brevedad posible satisfará su deseo. Y ésta fue la respuesta que dieron en Macao a ciertos mensajeros o embajadores a quien envió el sobredicho rey con este recado, que hicieron en su demanda muy gran instancia. Los cuales para su consuelo y el de aquellos que los habían enviado, llevaron consigo todas las imágenes que pudieron haber, y en especial la de la cruz, a cuya traza y modelo han hecho en todo aquel reino, según se ha entendido, infinitas y puéstolas en todas las calles, caminos y casas, donde son veneradas y reverenciadas con mucho acatamiento, así por insignia de Cristo, cuya fe desean recibir, como por un milagro que acaeció en aquel reino, notable y digno de hacer de él particular mención, el cual pondré aquí de la manera que los embajadores dichos lo contaron públicamente delante de los moradores de Macao cuando vinieron a pedir los religiosos para que los instruyesen en el Evangelio.

Un natural de este reino por ciertas ocasiones se salió de él y vino a vivir entre los portugueses. El cual, viendo las ceremonias cristianas y tocado de la mano de Dios, se bautizó y estuvo algunos años en aquel pueblo dando muestras de ser buen cristiano y temeroso de Dios, al cabo de los cuales mudó de parecer y acordó de volverse a su tierra y en ella vivir según lo que de los cristianos había aprendido, que creía lo podría hacer fácilmente sin que hubiese cosa que lo contradijese. Adonde como llegase y guardase las cosas a que como cristiano estaba obligado, y entre otras señales que de ello daba fue que hizo una cruz y la puso cerca de la puerta de su casa, a quien hacía reverencia todas las veces que pasaba por donde estaba aquella señal, jamás por ellos vista, y que aquel cristiano le hacía particular y clara reverencia. Comenzaron a burlar de él y de la Santa Cruz, derribándola de donde estaba puesta y haciendo otras cosas en menosprecio de ella y del que la había puesto en aquel lugar; y llegó la descortesía a ponerles en ánimo de quemarla y a ejecutarle por obra. Luego al punto milagrosamente murieron todos los que la querían quemar, viéndolo otros muchos que dieron de ello bastante testimonio; y dentro de pocos días siguieron el propio camino todos los del linaje de los muertos, sin escapar uno solo. Divulgado este milagro por todo el reino, pusieron luego los naturales de él muchas cruces por todas partes, a quien adoran y hacen reverencia y particular veneración. Esto dicen fue el principal motivo que Dios puso en sus corazones para moverlos a que pidiesen quien los bautizase y predicase el santo Evangelio; ayudando también a ello la declaración de la pintura ya dicha que el religioso envió al rey.

Después acá han ido a la ciudad de Macao algunos naturales de este reino que, aficionados a nuestra fe, se han bautizado allí: con lo cual y con la esperanza dicha se sustentan todos hasta que Dios sea servido de enviarles el remedio que para sus almas les ha hecho desear, que no debe estar muy lejos de ellos según lo que se ve y las maravillas que Dios obra para encenderles más su deseo, como el milagro de la cruz ya dicho y otros que contaron ciertos cochinchinas el año de 1583 en la misma ciudad de Macao que había sucedido aquel propio año y estaban muy frescos en la memoria de todos los de aquel reino. Uno de ellos fue que, como uno de los cristianos arriba dichos fuese a visitar a un hombre principal que estaba paralítico en la cama muchos años había y tratando con él de su larga enfermedad viniese a contar algunos milagros de los que había entendido que había hecho Cristo nuestro Redentor (cuando estuvo hecho hombre) entre los hombres, a quien redimió, y en particular los que había hecho sanando semejantes enfermedades que aquella que él tenía con sola su divina virtud y tocarles con alguna parte de su vestidura y sombra. Oyendo esto el juez y cobrando particular fe y devoción al que le decía el cristiano había hecho los milagros, le preguntó el nombre y las señas que tenía: y como le dijese que el nombre era Jesús Nazareno, Redentor del mundo y Salvador y Glorificador de los hombres, y para mejor declararle las señas le llevase una imagen que de él tenía, que se la dieron cuando se bautizó estampada en papel, y era de Jesucristo que subía a los cielos para que a falta de Iglesia la tuviese consigo e hiciese a ella oración. El enfermo la tomó y le clavó los ojos con tanta devoción y fe, que suplicándole luego le diese salud y que creería en él y se bautizaría, al mismo punto a vista de todos se sintió y halló sano de la enfermedad que había tantos años que padecía sin haber bastado para ello ningún remedio humano, aunque había hecho infinitos. Hizo luego al cristiano que lo bautizase, al cual dio mucha suma de dinero que la recibió contra toda su voluntad y la despendió en obras pías, y con una parte compró una barca grande en la cual pasa el día de hoy gente por un río donde solía peligrar mucha y lo hace por amor de Dios y sin recibir por ello premio alguno.

Pocos días después en otra parte de este reino aconteció otro milagro no menor que los primeros y fue que como un cochinchina en la dicha ciudad de Macao pidiese el santo bautismo a un religioso descalzo, y él habiéndole catequizado bastantemente se lo diese, y después de haberle tenido mucho tiempo consigo y hecho experiencia de su cristiandad y devoción, le diese licencia para volverse a su tierra con designio de que en ella procurase aumentar el deseo de la cristiandad que ya Dios había comenzado a encender en sus pechos, el bueno del nuevo cristiano lo procuró con tanto cuidado, que hacía muy gran provecho ayudado del favor de Dios que, tomándole por instrumento, sanaba algunas enfermedades, mostrando a los que las padecían una imagen de Nuestra Señora que tenía al cuello, en quien tenía gran devoción, y diciéndoles con muy gran devoción la oración del Pater Noster. Vino a divulgarse tanto su fama por todas las partes de la provincia donde vivía, que llegó a los oídos de un Mandarín o juez principal de ella que estaba muchos días había en una cama gafo de pies y manos, sin haber bastado para darle salud médicos ni medicinas ni otro remedio humano. El cual, deseoso de sanar, envía llamar al dicho cristiano y le pidió si se atrevería a sanarlo de aquellas enfermedades como le afirmaban lo había hecho con otros de otras mayores. Como el cristiano le dijese que sí, y el juez por ello le prometiese grandes dádivas, despreciólas él pidiéndole solemnemente por premio que, después de sano, se bautizase y volviese cristiano. Lo cual aceptado por el Principal, le mostró la imagen que traía de Nuestra Señora diciéndole: Si tú creyeres en esta Señora que está aquí estampada y en su santísimo Hijo Jesucristo Redentor del mundo, luego serás sano. Miróla el Mandarín o Juez con mucha atención poniéndola así mismo en las palabras que había oído, y determinado de creerlo, al punto que lo puso en ejecución, fue sano de toda su enfermedad, cosa que puso gran admiración en toda aquella provincia.

Estos milagros que se divulgaron en breve tiempo y el de la Cruz ya dicho, han puesto tanto deseo a los moradores de aquel reino de hacerse cristianos, que lo procuraron por todas las vías y modos a ellos posibles, y no lo consiguen por falta de ministros, como ya queda dicho, que no es poca lástima para los que cristianamente se pusiesen a considerarlo y vieren que el demonio nuestro adversario lleva a sus infernales moradas las almas que parece estar dispuestas para poder gozar de Dios y de sus eternos bienes, y que esto es por falta de ministros y no por otro defecto. Remédielos Dios que puede.

Contóme el dicho padre Ignacio, a quien como he dicho sigo en muchas cosas de este Itinerario, que como pasase por este reino para venir a los de España y viese la devoción de la gente de él y el gran deseo que tenían de ser cristianos y que la gente era muy aparejada para recibir el santo Evangelio y muy humildes y de buenos entendimientos, se quiso quedar a bautizarlos y lo hiciera por sola caridad y compasión de ver la devoción con que lo pedían y las muchas almas que se condenaban, sino porque le era forzoso llegar a Malaca, y por parecerle que para tanta gente podría con sus fuerzas hacer poco y que era mejor venir a España y procurar compañeros que le ayudasen, como lo hizo, y vuelve con ellos y con muchas gracias del Papa Gregorio XIII, de felice memoria, y grandes favores de la Majestad Católica del rey don Felipe nuestro señor y con confianza de que la Divina le ha de dar su particular auxilio para salir con esta empresa, que no será pequeña. Creo por muy cierto que dentro de poco tiempo estará todo aquel reino sujeto a la santa fe católica romana y que ha de ser la puerta por donde entrará la Ley evangélica en el gran reino de la China, por estar este de Cochinchina en la misma tierra firme y ser casi la lengua y costumbres de una manera.

Es gente muy blanca la de estos reinos y anda vestida como la de la China, y las mujeres son muy honestas y vergonzosas y su traje muy curioso y galano. Traen los hombres el cabello muy largo y suelto, y cúranlo con demasiado cuidado. Visten casi todos de seda, porque se cría mucha y muy buena en toda la tierra, la cual es sanísima. Está llena de viejos y niños, que es harta prueba de su bondad. Dicen que nunca jamás en ella ha habido pestilencia ni hambre, que es lo mismo que dijimos del reino de la China.

Hágalo el que lo puede hacer para que aquella infinidad de almas que están el día de hoy debajo de la tiranía del demonio, se vean en la cristiana libertad, y gocen de la otra vida a su Criador.

Capítulo XXI. Prosigue las cosas de los reinos comarcanos al de Cochinchina y algunas cosas notables de ellos con los ritos y costumbres de los moradores

Cerca de este reino de la Cochinchina está otro llamado Champa, que, aunque es pobre de oro y plata, es muy rico de drogas y maderas galanísimas y de grandes mantenimientos. El reino es muy grande y tiene mucha gente, que es un poco más blanca que la de Cochinchina.

Están tan cercanos a ser cristianos como sus vecinos; pero fáltales lo mismo que a éstos para serlo. Tienen las propias leyes y ceremonias los unos y los otros, y son todos ellos idólatras y adoran las segundas causas al mismo modo que los chinos, a quien también hacen una manera de reconocimiento.

De este reino se va fácilmente a Malaca dejando a mano derecha un reino llamado Camboya, el cual es grande y de muchísima gente y toda ella muy aficionada a andar por la mar. y navegar, a cuya causa tiene gran infinidad de bajeles. Es tierra muy fértil y de muchos mantenimientos, y hay en ella gran número de elefantes y abadas, que son unos animales de grandeza de dos grandes toros y tienen sobre el hocico un cuerno pequeño; de los cuales hay en el día de hoy uno en Madrid, que fue traído de la india a Su Majestad y lo van a ver muchos por cosa muy extraña y nunca vista en nuestra Europa, cuyo cuero es tan duro, según fama, que ningún hombre por de grandes fuerzas que sea lo podrá pasar de una estocada. Han querido decir algunos que es el unicornio, pero yo lo tengo por falso, y son de mi opinión casi todos los que han estado en aquellas partes y visto el verdadero unicornio.

En este reino está un religioso de la Orden de Santo Domingo llamado fray Silvestre, a quien llevó Dios a él para remedio de aquellas almas: ocúpase en aprender la lengua de los naturales y en predicar el santo Evangelio en ella y tiénelos tan bien preparados, que si tuviese algunos compañeros que le ayudasen, sacaría harto fruto para el cielo. Halos enviado a pedir a la India de Portugal y nunca se los han enviado, por ventura por siniestra informaciones de hombres a quienes el demonio toma por instrumentos para impedir la salvación de aquellas almas y que no salgan de su tirano poder. Este padre escribió una carta a Malaca al padre Martín Ignacio y a otros compañeros pidiéndoles por amor de Dios muy encarecidamente diese orden de que fuesen a ayudarle algunos religiosos de cualquier Orden, con certificación de que harían en ello muy gran servicio a Dios y remediarían a aquellas almas a quien él no osaba bautizar por temor de que después, faltando el regadío del Evangelio por defecto de arcaduces, no se tornase a producir la mala hierba de la idolatría. Esta petición no consiguió el efecto deseado por no haber recado de lo que pedía, ni hombre que estuviese desocupado. Supieron del que trajo esta carta, que el rey de aquel reino tenía en grande veneración al dicho padre fray Silvestre, en tanta manera que (como otro Patriarca José en Egipto) tenía en todo aquel reino el segundo lugar; y que el rey todas las veces que le iba a hablar, le daba silla, del cual tenía grandes privilegios ganados y licencia para predicar en todo el reino el santo Evangelio sin contradicción alguna; y para hacer iglesias y lo demás que a él le pareciere necesario, ayudando para ello el propio rey con grandes limosnas. Dijo asimismo que había por todo el reino muchas cruces y que eran tenidas en grandísima reverencia. Para confirmación de esta verdad vio el dicho padre Ignacio en Malaca un presente que enviaba el rey de este reino de Camboya a otro su amigo y entre muchas cosas que contenía de gran riqueza y curiosidad, iban dos cruces muy grandes y bien hechas de un palo galano y oloroso, y todas ellas guarnecidas riquísimamente de plata y oro con los títulos esmaltados.

Cerca de este reino está el de Sian, en altura de 15 grados a el Polo Ártico y 300 leguas de Macao, a donde van los portugueses a contratar. Es la madre de toda la idolatría y el seminario de donde han salido muchas sectas para el Japón y para la China y Pegu. Es un reino muy florido y abastecido de todas las cosas que para merecer nombre de bueno se requieren, y hay en él muchos elefantes y abadas y otros animales que en aquellas partes se crían. Demás de esto es muy rico de metales y maderas muy galanas y olorosas. La gente de este reino por la mayor parte es pusilánime, y a esta causa con ser infinita en número, están sujetos al rey de Pegu, que los venció antiguamente en una batalla, como después se dirá, y págranle de ordinario muy pesado y gran tributo. Convertiríanse muy fácilmente a la fe de nuestro Señor Jesucristo y dejarían los ídolos, si hubiese quien se la predicase, y aun se sujetarían a cualquier rey y señor que les hiciese favor por no estarlo al que ahora obedecen, que los trata tiránicamente. Tienen entre ellos muchos religiosos a su modo, los cuales viven en comunidad y con gran aspereza de vida y son entre los demás tenidos en gran veneración por ello. La penitencia que hacen es espantosa y extraña, como se podrá juzgar de algunas cosas que aquí pondré de muchas que de éstos se cuentan.

Ninguno se puede casar ni hablar con mujer; y si acaso lo hiciese, sería irremisiblemente castigado con pena de muerte. Andan en todo tiempo descalzos y muy pobremente vestidos y no comen otra cosa sino arroz y hierbas, y esto lo piden de limosna cada día andando de puerta en puerta con la alforja a cuestas y los ojos clavados en la tierra con una modestia honestidad que espanta, y no piden la limosna ni la toman con las manos ni hacen otra cosa sino llamar y estarse quedos hasta que, o los despiden o se la echan en la alforja. Cuentan de ellos por muy cierto que muchas veces se ponen por penitencia en vivas carnes al resistero del Sol (que es muy grande por estar aquella tierra 26 grados cercana al Ecuador), donde son atormentados de él y de los mosquitos, que hay infinitos, cosa que si se pasase por Dios sería un modo de martirio de grande merecimiento. Dios por su misericordia los alumbre con su gracia para que todo esto que ahora les aprovecha tan poco para sus almas, les sea causa después del bautismo de merecer por ello muchos grados de gloria.

También en secreto hacen mucha penitencia y se levantan a media noche a rezar a los ídolos y lo hacen a coros, como lo usamos los cristianos, y no les es permitido tener renta ni ningún modo de contratación; y si la viesen en alguno, sería tan detestado como entre nosotros un hereje. Por estas asperezas (que las hacen, según dicen, por amor del cielo y con buen celo) son tenidos de la gente plebeya por santos, y como a tales lo reverencian y se encomiendan en sus oraciones es cuando tienen algún trabajo o enfermedad. Estas y otras muchas cosas se cuentan de ellos a este modo que podrían servir de confusión a los que profesándolas no las guardamos teniendo por esto el premio seguro y no de interés humano, sino del que Dios tiene aparejado para sus bienaventurados en el cielo. Haría la Ley evangélica en este reino mucho fruto por ser la gente muy limosnera y amiga de la virtud y de los hombres que la tienen. Esto experimentaron el dicho padre Ignacio y sus compañeros en la China al tiempo que estaban presos, donde, como en una ciudad estuviesen ciertos embajadores del rey de Sián que iban a la Corte y allí supiesen que tenían a los nuestros sentenciados a muerte por haber entrado en el reino sin licencia, los fueron a visitar y viéndoles con aquellos hábitos tan ásperos y pobres y que tenían mucha similitud con sus religiosos, les cobraron tanta afición que, demás de enviarles una buena limosna en que iban dos costales de arroz y mucho pescado y frutas, les ofrecieron todo el dinero que quisiesen y de rescatarlos por todo aquello que los jueces pidiesen por ellos. En agradecimiento de esta voluntad los trataron los nuestros y verificaron lo arriba dicho y que eran muy amadores de la virtud.

Capítulo XXII. De otros muchos reinos que hay en este nuevo mundo y de sus nombres y propiedades, y en especial de la famosa ciudad de Malaca

Cerca de este reino de Sián están dos reinos juntos, el uno de ellos se llama Lugor y el otro Patane. Son ambos de un rey moro de casta malaya; y no obstante esto, la gente de estos reinos son gentiles y se ha conocido en ellos voluntad de que serían cristianos de buena gana si tuviesen quien les predicase el Evangelio. La tierra es muy rica de oro y pimienta y otras muchas cosas de droguería, y la gente muy pusilánime y para poco, y a esta causa son más amigos de casas de regalo y contentamiento que de guerras ni cuestiones.

Al cabo de este reino está el Estrecho de Malaca, en el cual hay dos reinos pequeños, el uno de ellos se llama Paon y el segundo Jor. La gente del primero es la gente más traidora que debe haber en el mundo como lo han experimentado muchas veces los portugueses. La del segundo reino, una vez está de paz y otras de guerra con los dichos portugueses: la paz la tienen cuando se ven en necesidad de ella, y la guerra muy de ordinario. En estos dos reinos son todos medio moros, a cuya causa parece que vendrían de mala gana a nuestra Ley evangélica, si ya con el favor de Dios no se ablandasen y dispusiesen sus corazones.

Este Estrecho de Malaca está debajo la Equinoccial y pónense desde el reino de Cochinchina hasta el 376 leguas. Es un mal Estrecho y muy peligroso para las naos que van por él, que pocas veces dejan de padecer borrasca o otro mayor peligro, como les sucedió a una bien grande en la boca del Estrecho en presencia del padre fray Martín Ignacio, que se la tragó en muy poco espacio la mar y más de 300.000 ducados de mercaduría que llevaba; aunque este suceso lo atribuyeron los nuestros más a justo juicio de Dios que a la tormenta, porque, según se entendió, habían precedido grandes culpas, a lo menos al tiempo que se hundió, pues con estar bien cerca la en que iban él y otros muchos, no tuvo sospecha de peligro.

Desde este Estrecho hasta Malaca se va por una costa de mar y hay 25 leguas de camino: toda la orilla está poblada de grandes arboledas muy espesas, y así por esto como por ser tierra despoblada, hay muchos tigres y lagartos grandísimos y otras muchas fieras.

Esta ciudad de Malaca está en nuestro Polo Ártico elevada del Ecuador un solo grado. Antiguamente era la más principal ciudad de todos estos reinos y en ella residía un gran rey Moro. Después fue conquistada por los portugueses (que hicieron en estas guerras cosas muy hazañosas y de gran fortaleza y ánimo) hasta echar los moros de ella y de toda la comarca y hacer su mezquita (que era un edificio singular) Iglesia mayor, como lo es el día de hoy; y demás de ella hay tres monasterios de religiosos de Santo Domingo y de San Francisco y de los padres de la Compañía de Jesús. Es la tierra templadísima con estar tan cerca de la línea equinoccial y es la causa que todas las semanas ordinariamente llueve tres o cuatro veces, que es la mayor sanidad que hay en toda esta tierra, por lo cual es fertilísima y abundantísima de mantenimientos, y particularmente de frutas, que hay muchas y algunas nunca vistas en Europa. Entre las cuales hay una que llaman en lengua malaca durion, y es tan buena que he oído afirmar a muchos que han dado vuelta al mundo, que exceden en sabor a todas las que han visto y gustado en todo él. Es de la forma de un melón, cuya corteza es algo dura y tiene unas espinacas blandas por de fuera, como un vello, y dentro en unas casicas de carne, que es del mismo color que el manjar blanco, y de tan buen sabor y alimento como él. Dicen algunos que lo han visto que podría ser la en que pecó Adán, llevados (sic) del singular sabor, y de que las hojas del árbol que la cría son tan grandes que puede con una cubrirse un hombre; pero esto es adivinanza. Hay cañafístola para cargar flotas, y muy buena y gruesa y de singular efecto. Una de las cosas más notables de este reino es un maravilloso árbol y de virtud admirable, el cual echa muchas raíces de tan contraria virtud, que las que hacen de Oriente son contra cualquiera ponzoña y calenturas y otras muchas enfermedades que hacen guerra a la vida humana, y las raíces que produce al Poniente son ponzoña finísima y muy dañosa y de efectos en todo diferentes de los primeros. De manera que aquí parece se hallan dos contrarios en un sujeto, cosa que en filosofía se suele poner por imposible.

Es esta ciudad de gran contratación, porque acuden a ella de todos los reinos que hemos dicho y de otros muchos que están cercanos, y particularmente mucho número de naos gruesas de la India, Cantón y Chincheo y de otras muchas partes. También los japoneses llevan a vender allí la plata, y los del reino de Sián muchas cosas muy curiosas, en especial clavo y pimienta de las Islas Malucas, y los de Burneo mucho sándalo y nuez moscada; los de la Java y Pegu el palo de águila, los de Cochinchina y Cham gran número de telas de seda y otras drogas y especerías; los de Sumatra o Trapobana mucho oro y cosas labradas y ropas finas de bengalas y coromandel. Todas estas y otras cosas hacen esta ciudad muy insigne y abastecida, y por tal es tenida y engrandecida de los portugueses, que van ordinariamente todos los años a contratar a ella.

Capítulo XXIII. Prosíguese de algunos reinos del Nuevo Mundo y de cosas particulares que en ellos se han visto, y trátase de la ciudad de Malaca y del río Ganges

Frontero a esta famosa ciudad, de quien tantas cosas se pudieran decir, está aquel gran reino e isla de Sumatra, llamada por los cosmógrafos antiguos Trapobana, que, según algunos piensan, es la isla de Ofir, donde se envió la flota que hizo Salomón, de quien hace particular mención la Escritura en el tercero libro de los reyes, capítulos 9 y 10, y en el segundo del Paralipómenon, capítulo 9, que fue y volvió cargada de oro y de madera riquísima para adornar el templo de Jerusalén, y de otras muchas cosas curiosas, cuya noticia dura hasta el día de hoy entre los naturales, aunque confusamente, pero no tanto que los que la tienen de la Sagrada Escritura no la tengan por verosímil. Esta isla está en la línea equinoccial. La mitad de ella se extiende al Polo Ártico, y la otra la Antártico. Tiene de longitud 250 leguas y de latitud 67. Está tan cerca de Malaca, que por algunas partes hay menos de 10 leguas. En este reino hay muchos señores y régulos, aunque el que tiene la mayor parte de él es un Moro que se llama Achen. Es una de las más ricas islas que hay en el mundo por tener muchas minas de oro finísimo: de lo cual (con haber ley que no se pueda sacar de ella mas de solo lo necesario), sale de ello tanta abundancia, que se lleva a Malaca, a Turquía y a otras muchas partes.

Cógese en ella gran abundancia de pimienta y benjuí de boninas en mucha cantidad, de cuyos árboles (que hay grandes montes) sale tan suave olor, que parece un paraíso terrenal, y suele llegar 20 leguas de la mar adentro; y con ser esto así por gozar más de las naos que van por allí, se arriman cuanto pueden a la tierra por este respecto. Hay así mismo mucha cánfora y mucho género de especería, a cuya causa llegan a contratar en este Reino muchos turcos que pasan en naos y otras fustas a él por el Mar Bermejo. Contratan así mismo en él los reinos de Sindo, Java mayor y el de Ambaino y otros que están a él cercanos. A esta isla llegaron a comprar y vender algunos portugueses y los mataron a todos, y a algunos por la confesión de la fe: por lo cual son tenidos por mártires de Jesucristo en la opinión de los cristianos que viven por allí cerca y supieron el caso. Los demás de este reino son moros, y por esto aborrecen a los cristianos y les hacen toda la guerra que pueden, en especial a los que viven en Malaca, a quien han puesto muchas veces en peligro de perder las vidas y haciendas.

Corriendo de este reino de Malaca por la costa del Norte y Nordeste está el gran reino de Pegu, el cual es mayor en grandeza que el de Sumatra e igual en riqueza, en especial de perlas y toda suerte de pedrería y cristal finísimo. Hay en él muchos mantenimientos e infinita gente, y el rey de él es muy poderoso, a quien, como dijimos, paga parias el Sián por haberle vencido en una batalla que con él tuvo.

El año de 1568, cuya ocasión, según sus historia y la común opinión fue: que sabiendo que el dicho rey de Sián tenía en su poder un elefante blanco (a quien los del reino de Pegu adoran por Dios), el rey se lo envió a comprar y a dar por él todo aquello en que él lo quisiese estimar y poner; y como se cerrase de todo punto y dijese que no se lo daría por todo lo que en su reino tenía, causó tanto enojo al rey que hizo llamamiento de todos los soldados que pudo con determinación de ganar por fuerza de armas lo que no había podido con comedimiento y ofrecimiento de riquezas: en lo cual se dio tan buena maña, que en pocos días tuvo junto un ejército de un cuento y seiscientos mil hombres de guerra, con que se partió para el dicho reino de Sián hasta donde del suyo había 200 leguas; y no solo consiguió su intento y trajo consigo el elefante blanco, pero dejó también por su tributario al rey, como lo es el día de hoy, según queda dicho.

Los ritos de la gente y sacerdotes de esta tierra simbolizan mucho a los del reino de Sián. Hay entre ellos muchos monasterios de hombres que viven recogidamente y con mucha clausura y penitencia. Es gente muy aparejada para recibir el Santo Evangelio, porque, demás de ser dóciles y de buenos ingenios, son hombres que filosofan y bien inclinados y caritativos y que tienen particular afición a la virtud y a los hombres en quien conocen estar, y amigos de remediar las necesidades de los prójimos.

Pasando este reino y corriendo al Norte está el de Arracén, abundantísimo de muchos mantenimientos, aunque poco de cosas de contratación, a cuya causa no es muy sabido de los nuestros por no haber ido a él. Han entendido de los naturales y de sus costumbres que son aparejados para recibir el Santo Evangelio.

Desde este reino por la misma costa se va al de Bengala, por el cual pasa el río Ganges, uno de los cuatro que salen del Paraíso terrenal, lo cual como entendiese un cierto rey de este reino vino en pensamiento de hacer subir por él arriba hasta tanto que se hallase su nacimiento y con él el Paraíso. Y como para este efecto hubiese mandado hacer muchas maneras de barcos grandes y pequeños, envió en ellos el río arriba algunos hombres (de cuya diligencia tenía experiencia) proveídos de mantenimientos para muchos días y con mandato de que luego que descubriesen lo que deseaba, volviesen con mucha brevedad a darle de todo particular y verdadera relación, con designio de ir luego a gozar de las cosas que entendía necesariamente habían de ver, dignas de ser codiciadas en camino y lugar tan deleitoso. Estos hombres navegaron el río arriba muchos meses y llegaron a una parte donde salía tan manso y con tan poco caudal, que daba a entender estaba cerca su fuente y principio, que era el Paraíso que iban a buscar. En esta parte contaron después que habían visto tantas señales y gustado de olores de tan gran suavidad y de aires tan en extremo delicados, que les parecía estar en el propio terrenal Paraíso. Y más que cuando llegaron a aquella parte donde el río corría con tanta mansedumbre y los aires eran tan delicados y olorosos, entró en los corazones de todos ellos una alegría tan grande y extraordinaria, que les parecía estar dentro del verdadero y olvidados de todo el trabajo que en llegar hasta allí había pasado y de otra cualquier cosa que notase penalidad. Y como procurasen pasar adelante en seguimiento de su intento y para ello hiciesen toda la diligencia que les era posible, hallaron por experiencia ser todo su trabajo en vano y que se estaban siempre en un propio lugar sin poder entender de dónde les venía la contradicción por no hallarla en las aguas a causa de su singular mansedumbre. Hecha esta experiencia y atribuyendo el no poder ganar tierra a misterio, se volvieron río abajo hasta su reino, adonde llegaron en muy poco tiempo y contaron a su rey que los envió todo lo arriba dicho y otras muchas cosas que yo dejo por tenerlas por apócrifas. Tiénese por muy cierto que los ríos Eufrates y Tigris no están muy lejos de este río Ganges, y debe de ser verdad porque desaguan ambos en el Seno Pérsico, que no está muy distante de este reino. Tiene la gente de este reino este río en gran reverencia y a esta causa nunca entran dentro que no sea con gran respeto y temor; y cuando se lavan en él, tienen por muy cierto que quedan limpios de todos los pecados. Sería este reino muy fácil a convertir a la fe católica, a lo que se entiende, porque tienen muchos ritos y ceremonias muy morales y virtuosas.

Capítulo XXIV. Trátase del reino de Coromandel y de otros sus comarca nos de la ciudad de Salamina, donde estuvo y murió el Apóstol Santo Tomás, y del poder y riquezas del rey de este reino y de la manera que se entierran y de otras cosas de mucha curiosidad

Corriendo un poco la costa de Bengala está el reino de Mazulapatán y otras algunas tierras junto a él: son todos gentiles, como sus comarcanos, aunque se entiende saldrían con facilidad de su gentilidad. Es reino muy abundante de mantenimientos y falto de cosas de contratación, y a esta causa son poco conocidos.

Pasando un poco adelante está el reino de Coromandel, cuya ciudad principal es Salamina y ahora vulgarmente Malipur y es donde fue martirizado el Bienaventurado Apóstol Santo Tomás, adonde dicen hay hasta el día de hoy algunas reliquias suyas por quien Dios hace muchos milagros. Tienen particular memoria los naturales el día de hoy del glorioso santo. Esta ciudad está al presente poblada de portugueses y de naturales, y en ella hay una iglesia que tiene dentro de sí la casa donde estuvo y murió el Santo Apóstol. Es esta tierra del rey de Visnaga, el cual, aunque es gentil, tiene mucho acatamiento y respeto a la casa de glorioso Apóstol y por particular devoción le da cada año una cierta limosna. Hay en este pueblo dos conventos de religiosos, uno de la Compañía de Jesús y otro de la orden de San Francisco. En la casa donde fue martirizado el glorioso Apóstol dicen se ven todos los años un milagro públicamente en la piedra sobre que fue martirizado el mismo día del Apóstol a la misa mayor: y es que cuando cantan el Evangelio comienza la dicha piedra a sudar primero color rosado y luego otro muy oscuro, con tanta publicidad que todos los que están en la iglesia lo pueden ver. Es la piedra no muy grande tiene en medio una cruz esculpida hecha de mano del glorioso Apóstol y en que él adoraba.

Desde esta ciudad de Salamina a la de Visnaga, donde está el rey, hay 35 leguas por tierra. Este rey es muy poderoso y su reino muy grande y de mucha gente y de gran renta. Dicen que sola la que tiene de oro puro le vale tres millones de los cuales gasta uno solo y guarda todos los años dos en su tesoro, qué, según fama, es el día de hoy de muchos millones. Tiene doce capitanes mayores, que cada uno de ellos gobierna infinita gente, con tanta renta que el que menos tiene son 300.000 ducados al año. Cada uno de ellos está obligado a dar de comer al rey y a la gente de su casa un mes al año: de manera que a esta cuenta estos doce capitanes (que son los señores del reino y como si dijéramos en España duques) le hacen la costa todo el año; y el millón que él gasta es en hacer mercedes y en cosas extraordinarias. Tiene este rey dentro de su casa entre mujeres, servidores y esclavos al pie de quince mil personas y en su caballeriza de ordinario mil caballos y para su servicio y guardia ochocientos elefantes con quien gasta cada día 600 ducados. La guardia de su persona son cuatro mil hombres de a caballo, a quien da grandes salarios. Tiene así mismo en su casa quinientas mujeres, sin otras muchas concubinas, y todas andan galanamente vestidas y con riquísimas joyas, que las hay por extremo en el reino diferenciando las colores casi a tercer día: usan collares de ordinario de piedras preciosas a quien llamamos los españoles ojo de gato. Tienen muchos zafiros, perlas, diamantes, rubíes y otras muchas suertes de piedras que las hay en aquel reino en grande abundancia. Entre todas estas mujeres hay una que es como legítima, cuyos hijos heredan; y si acaso la tal es estéril, el primero que nace de cualquiera de las otras, que es causa de que nunca falte sucesor en aquel reino.

Cuando muere el rey de este reino le sacan a un campo con grandísima tristeza y paños de luto, y allí estando presentes aquellos doce grandes que dije, queman el cuerpo con leña de sándalo (palo de maravilloso olor), del cual hacen una gran hoguera. Acabado de quemar el cuerpo del rey, echan luego en ella las más queridas de sus mujeres y los criados y esclavos a quien quiso más en vida, y hacen esto con tanto contento, que cada uno procura ser el primero que ha de entrar en el fuego, y el postrero se tiene por desdichado. Todos estos dicen van a servir al rey en la otra vida, donde han de estar con mucha alegría, y esto es la causa de ir con tanta a morir y de llevar cada uno para este trance los más ricos y festivales vestidos que tiene. De esto se colige que creen la inmortalidad del alma, pues confiesan haber otra vida y que en ella tornan a vivir para siempre sin fin. Es gente que se convertiría con la misma facilidad que sus comarcanos al Evangelio, si se les fuese a predicar.

Setenta leguas de esta ciudad está una pagoda o templo de ídolos, donde se hace una feria riquísima todos los años: es un edificio suntuosísimo y está edificado en lugar tan alto que se ve muchas leguas antes de llegar a él. Tiene de ordinario cuatro mil hombres de guardia, que son pagados de la renta que tiene el templo, que es mucha y muy buena. Hay junto a él muchas minas de oro y de pedrería preciosa, y todo lo que de ellas se saca es renta para el templo. Está en él un sacerdote de los ídolos a quien llaman en su lengua Brama, que es como un Sumo Sacerdote en aquella tierra. A éste acuden de todo el reino a que declare las cosas dudosas de su manera de vivir y a que dispense en muchas cosas prohibidas por sus leyes, que lo puede hacer según ellas y lo hace algunas veces; y una bien visible, es a saber: que cuando una mujer no puede sufrir la condición del marido o está enfadada de él por otras cosas, se va a este Brama y dándole un pedazo de oro que será de valor de un ducado castellano, la descasa y da por libre para que se pueda casar con otro o con muchos si ella quisiere; y en señal de esto le echan en el hombro derecho un hierro y con solo aquello queda libre y el marido no le puede hacer daño ninguno ni compeler a que vuelva a su compañía. Hay en este reino muchas minas de diamantes finísimos y que son tenidos en mucha estima y muy conocidos en Europa.

Hase hallado en él piedra tan fina y de tanto valor que la vendió el rey pocos años ha a otro gran rey su comarcano, llamado Odialcán, en un millón de oro, sin otras muchas presas que le dio encima. Todo este reino es muy sano y de bonísimos y frescos aires y ricos mantenimientos y de todo lo demás necesario, no solo para la vida humana, pero para el regalo y curiosidad de ella. Está en 14 grados de la parte del Polo Ártico. Toda la gente de él es muy pusilánime y para poco trabajo y a esta causa no son nada aficionados a guerras. Recibirían a lo que se entiende fácilmente el Evangelio.

Cerca de aquí está otro reino pequeño llamado Mana, en el cual hay un pueblo de portugueses que se llama en la lengua de la tierra Negapatán. Hay en él un convento de la Orden de San Francisco cuyos religiosos, aunque son pocos, se ocupan en la conversión de los naturales de él, y creo han de hacer muy gran fruto y tienen de ello dadas muestras, porque habrá tres años se convirtió el Príncipe de aquel reino por la predicación de los dichos religiosos, el cual fue ahora a recibir el santo Bautismo por increíble gozo y alegría de los cristianos. Imitarle han presto todos los de su reino a lo que se cree. En esta isla hay muchas perlas y aljófar y todas ellas muy buenas, finas y redondas.

Capítulo XXV. Trátase de muchos reinos de aquel Nuevo Mundo, los ritos y costumbres de los moradores y algunas cosas muy curiosas

Partieron el dicho padre fray Martín Ignacio y sus compañeros de esta costa y fueron por las Islas de Nicobar, donde hay muchos gentiles y moros todos mezclados, no se detuvieron en ellas porque pasaron luego al pueblo de Ceilán que está poblado de portugueses y apartado de Malaca 416 leguas. Está esta isla situada desde 6 grados hasta lo debajo de nuestro Polo y tiene de longitud 66 leguas y de latitud 39. Fue isla antiguamente muy celebrada y tenida en aquellas partes en gran reverencia, porque dicen vivieron y murieron en ella en tiempos antiguos muchos hombres, cuyas almas están en los cielos y son celebrados y honrados por ellos en la tierra como si fueran dioses con muchos sacrificios y oraciones que les hacen de ordinario, y tienen de otros reinos comarcanos muchos peregrinos. Esta isla no se ha podido entender por los nuestros de raíz la causa de ello ni cómo vivieron aquellos que tienen por santos. En ella hay una Sierra muy alta que se llama Pico de Adán, lo cual vio el dicho padre fray Martín y oyó decir a los naturales de aquella isla que tenía este nombre, porque de él había subido Adán al cielo: qué Adán fuese éste no lo supieron declarar.

En este Pico, que es como un monasterio, a quien los naturales llaman pagoda, tuvieron un tiempo un diente de mona a quien adoraban por Dios, viniendo a ello de 200 y 300 leguas. Sucedió que el año de 554 el virrey de la India don Pedro Mascareñas envió una Armada a este reino con muchos portugueses y con intento de reducirla a la obediencia del rey de Portugal, como antes lo estaba; y levantándose pocos años había, se la habían negado y quitado. Y como los dichos soldados saqueasen el pagoda o monasterio, y pensando hallar algún tesoro allí lo arruinaron hasta los cimientos, hallaron el dicho diente de mona a quien adoraban metido en una caja de oro y pedrería y se lo llevaron a Goa al dicho virrey. Sabido por los reyes comarcanos y el de Pegu esta pérdida (que por ellos fue juzgado por muy grande) enviaron embajadores al dicho virrey para que le pidiesen en nombre de todos el diente dicho, a quien ellos adoraban y a ofrecer por el rescate 700.000 ducados en oro. Y queriendo el dicho virrey dársele por aquella cantidad de oro que le ofrecieron y se la dieron en efecto, el arzobispo de Goa, que se llamaba don Gaspar, y otros religiosos se lo estorbaron poniéndole escrúpulo y a su cargo el daño que de la idolatría se siguiese, de que darían cuenta a Dios muy estrecha. Lo cual pudo tanto con él, que despidiendo a los embajadores depreciando el oro que le daban por él, lo entregó en su presencia al dicho arzobispo y religiosos, y ellos a sus ojos lo quemaron y molieron y echaron los polvos en la mar con no pequeño espanto de los dichos embajadores, por ver que habían despreciado tanta cantidad de oro y por cosa que la despreciaron y echaron en la mar con tanta liberalidad.

Es isla fértil apacible y muy sana y toda ella llena de muchas y grandes arboledas, y hay montes muy espesos de naranjas, cidros, limas y plátanos y palmas y muchos de canela, que es la mejor del mundo y de mayor fortaleza y efecto, por lo cual la van a comprar para traer a nuestra España y porque la dan por poquísimo precio: también hay pimienta, aunque los naturales arrancaron algunos montes de ella y de canelas, viendo que iban de muy lejos a comprar estas cosas y temiéndose no fuese esto causa de que les tomaran su tierra. Es tierra de muchos mantenimientos y donde se crían grandísimos elefantes y dicen que hay muchas minas de diamantes y rubíes y de unas piedras a quien llaman girasones. En ninguna parte de estas Indias Orientales hubo tan buenos principios en la conversión de las almas como en esta isla; porque algunos religiosos de la Orden de San Francisco trabajaron en ella mucho bautizando en pocos días más de cincuenta mil almas que daban muestra de haber recibido muy de gana la ley evangélica y habían edificado muchas iglesias y catorce monasterios de la propia religión. Pero pocos años ha que un rey de aquel reino enfadado de algunas cosas que en toda aquella isla son muy públicas, apostató de la fe recibida y destruyó y asoló muchos portugueses que estaban poblados en él, echando fuera a todos los religiosos que los bautizaban y administraban los sacramentos. Llamábase este rey Raxu. Muchos de los ya cristianos contentos con la fe de Jesucristo recibida, detestando lo que este rey tirano había hecho, se fueron a vivir en compañía de los portugueses y otros hicieron un pueblo que se llama en su lengua Columbo, donde hay mucho número de ellos. Duran hasta el día de hoy en todo el reino las cruces e insignias de la Cristiandad antigua. En toda esta costa usan muchas galeotas y andan con ellas por toda ella robando. Dicen los naturales que se holgarían de tornar a recibir la Ley evangélica si fuesen allá predicadores.

Desde esta isla pasando un golfo pequeño fueron a dar a la costa de un reino llamado Tuticorín y anduvieron por su tierra todo él, corriendo desde el Cabo de Comorín hasta Ceilán. Aquí hay pagoda o templo de los ídolos grande y muy rico adonde acuden los gentiles de todo este reino algunas fiestas del año con gran devoción. Hay en él un carro triunfal tan grande que veinte caballos no le pueden menear. Sácanlo en público los días festivales y es llevado por elefantes e infinitos hombres que tiran las maromas que van asidas de él, voluntariamente y por devoción. En lo más alto de este carro va hecho un tabernáculo muy ricamente aderezado y dentro de él metido un ídolo a quien todos adoran. Debajo de él inmediatamente están las mujeres del rey que van cantando. Sácanle con mucha música y regocijo y llévanle un grande trecho en procesión y entre muchas cosas de honra que hacen, usan una tan bestial como podrá juzgar el lector, y es que muchos de ellos se cortan pedazos de sus carnes y las echan al ídolo; otros no se contentando con esto, se echan debajo del carro para que pase sobre ellos quedando así hechos pedazos. A los que mueren de esta manera tienen por grandes santos, y son tenidos en singular veneración. Otras muchas maneras de idolatría se cuentan de este reino aún más bestiales que esta que acabo de decir y yo las dejo de intento por no alargarme en este Itinerario. Toda la gente de este reino, es ruin y muy mal inclinada; por esta causa los padres de la Compañía de Jesús que están en algunos pueblos cercanos a él, no han podido hasta ahora sacarlos de sus errores, aunque han puesto en ello harto cuidado y solicitud.

En esta misma costa y poco distante de este reino está un pueblo de portugueses llamado Coulan y 25 leguas más adelante una ciudad que se llama Cochín, en la cual hay religiosos de San Francisco, Santo Domingo, San Agustín y de la Compañía de Jesús, los cuales tienen allí un buen estudio o Seminario donde hacen gran fruto. Cerca de esta ciudad está Santo Tomé, donde hay muchos bautizados buenos cristianos muy abstinentes y castos, a quien los Patriarcas de Babilonia proveen de obispos. La autoridad con que lo hacen no sé de quién la tienen, porque, según he entendido, la Sede Apostólica nunca se la dado. Sobre este negocio está el día de hoy en Roma el obispo de este reino y del de la Pimienta, con el cual yo hablé diversas veces. Viene a dar la obediencia a Su Santidad y a saber de él el orden que quiere se guarde en esto del recibir los obispos que vienen por mandato del dicho Patriarca.

En este reino hay muchos reyes y el principal de ellos es el de Cochín y tras él el de Coulan, y cerca de ellos hay otros reyezuelos como es el de Mangate, Oranganor, y son todos gentiles, aunque hay entre ellos algunos moros mezclados. Hanse hallado en este reino algunos judíos que han pasado de Palestina y de aquellas partes. Hay en esta tierra universalmente una ley muy peregrina y pocas veces oída, y es que no heredan los hijos a los padres, sino los sobrinos; y la razón que dan es que no tienen certinidad si son sus hijos por no tener mujeres propias y señaladas. A mi parecer la razón es tan bárbara como la ley, pues se sigue el propio inconveniente en los sobrinos. Tienen muchos ritos y ceguedades, y entre otros una grandísima: y es que algunas fiestas suyas usan de ciertos lavatorios y después de lavados dicen que quedan limpios de todos sus pecados. Tienen muchos agüeros de los cuales yo no quiero tratar porque no son dignos de memoria. En esta tierra se coge la mayor parte de la pimienta que se trae a Europa, y por esta causa llaman a este reino de la Pimienta.

Capítulo XXVI. Trátase de muchos reinos del Nuevo Mundo y de las cosas particulares y curiosas de ello

Desde Cochín fue el dicho padre al reino de Cananor pasando por Taonar y Calicut, a quien llaman los naturales Malabar. Son reinos pequeños y hay en ellos mucha gente. En el de Cananor hay portugueses poblados y entre ellos religiosos de la Orden de San Francisco. Es tierra en todo muy semejante a la de Cochín, y a esta causa y porque guardan y tienen unas mismas costumbres y ritos, me remito en lo tocante a este reino a lo dicho.

Luego más adelante están otros dos reinos pequeños: el uno se llama Barcelor, y el otro Mangalor. Hay en ellos algunos cristianos. Es tierra buena y rica, y tiénese por cierto se bautizarán todos dentro de poco tiempo. De este reino fueron a Goa, ciudad principal y poblada de portugueses, que es como Metrópoli de todos aquellos reinos. Está en 15 grados de altura y pónense desde Cochín a ella 100 leguas. Esta ciudad es una isla pequeña cercada por todas partes de agua. Tiene de circuito solas 4 leguas y divídela un gran río de la tierra firme del reino Odialcar. Es tierra apacible y buena, y goza de un hermosísimo río. En esta ciudad residen ordinariamente los virreyes de la indias, el arzobispo. Hay muchas iglesias y conventos, y fuera de la mayor hay catorce parroquiales sin quince ermitas que están dentro y fuera de la ciudad. Los conventos de religiosos son cuatro, todos muy suntuosos de Santo Domingo, de San Agustín de San Francisco y de la Compañía. Fuera de la ciudad hay otro de recoletos franciscanos. Cerca de esta isla están las de Salceto y Bardes, donde los religiosos franciscanos 5, los de la Compañía tienen algunos pueblos de cristianos. Aquí en Salceto pocos años ha mataron los gentiles ciertos padres de la Compañía en aborrecimiento de la fe, y ellos murieron con mucho esfuerzo y espíritu, y así creo fueron a gozar de Dios. Adelante de Goa en la misma costa hacia la parte del Norte está en 18 grados y medio el pueblo de Chaul y luego más adelante Bazain y junto a él Damun: todos estos tres pueblos son habitados de portugueses y el último cae en la provincia de Cambaya sujeta al Gran Tártaro o Mogor por otro nombre.

Cuarenta y dos leguas adelante está la ciudad llamada Díu, donde hay una buena fortaleza de portugueses y un puerto muy grande y seguro, cuyo nombre se extiende por toda la Turquía. Doscientas setenta leguas adelante está la ciudad de Oromuz en la costa de Persia y en ella tienen los mismos otra fortaleza mucho mejor que la de Díu y más inexpugnable. Es la mayor de toda la India, aunque no de tanto nombre como la de Díu. En esta ciudad de Oromuz no se coge otra cosa sino sal en grandísima abundancia, y con todo esto es abastecidísima de todo cuanto se pueda imaginar, porque se traen a ella desde Persia y Arabia muchas curiosidades y bastimentos. Por esta parte dicen se puede ir fácilmente a Venecia siguiendo la derrota de Alef y de Trípoli de borla (sic).

Toda esta costa de la india hasta la Persia está poblada de muchos y grandes reinos, en los cuales hay infinita gente: uno de ellos es el de Odilalon, que es riquísimo y de mucha gente, y todos ellos son moros. Cerca de él está otro que se llama Disamaluco y junto a este el reino del Gran Tártaro, que en su lengua se llama Mogor, el cual después del de la China, creo que es el mayor del mundo, como se puede colegir de lo mucho de su grandeza publican las historias antiguas y modernas. Al otro lado de Oromuz está el reino de Persia, cuyo rey es Jactamas o Ismael Sophi, Gran Soldán de Egipto, descendiente por línea recta del Soldán Capson Gaurio, a quien Selín Emperador de los turcos venció en batalla junto a Damasco el año de 1516. Todos los de este reino son moros, aunque ellos y los turcos son como cristianos y herejes, porque los persianos siguen la interpretación de la Ley de Mahoma de unos Alíes o doctores, y los turcos van por diferente camino y siguen a otros. Esta contradicción y diferente interpretación de Ley es causa de que entre los unos y los otros haya de ordinario cruelísimas guerras y es gran misericordia de Dios para que el turco no tenga lugar de venir a hacer mal a sus cristianos; o ya que venga, sea sobresaltado del daño que por la Persia, su enemigo el Sophi le puede hacer, el cual, no obstante que es moro y tiene la secta de Mahoma, es muy amigo de los cristianos y especialmente de nuestro rey Católico.

Capítulo XXVII. De los demás reinos y cosas notables que hay basta llegar a España y dar la vuelta al mundo

Cerca del Estrecho de Oromuz está Arabia la felice, donde todos los moradores son de la secta mahometana y que siguen la misma ley e interpretación que el Sophi. Corriendo por esta Arabia se va a dar al Estrecho del Mar Bermejo o Arábico, el cual tiene 450 leguas de longitud y por algunas partes es de fondo grandísimo. El agua de él parece bermeja, aunque es blanca, sacándola fuera, y es la causa ser de aquel color el suelo sobre que está la dicha agua, y por esto cuando da el Sol en ella parece bermeja, por donde ha ganado el nombre que el día de hoy tiene. Por este mar y por el de Basora lleva el Gran Turco mucha especería, sedas y brocados y todas las riquezas de la India Oriental, lo cual se le podría estorbar bien fácilmente; el cómo no es para este lugar.

De la otra banda cae la tierra de Abejín, que es la del Preste Juan, que, aunque es muy grande, por esta costa se extiende poco. Desde este reino o su punta, yendo al Sudeste, hay 600 leguas hasta Mozambique, donde hay población de portugueses. Toda esta costa es gente negra, gentiles e idólatras, y está en 15 grados de altura de la banda del Sur; y de la misma manera son todos los demás que están poblados desde Mozambique hasta el Cabo de Buena Esperanza. Están sin memoria de predicación evangélica, si Dios por su misericordia no se apiada de ellos y pone en corazón a algunos vayan a procurar el remedio de tanta infinidad de almas.

Después de haberse informado el dicho padre de todo lo dicho y de muchas cosas que se dejan por evitar prolijidad hasta que de ellas se haga particular historia, salió de Goa y Cochín la vuelta de Portugal y pasó por junto a las Islas de Maldivas, que son muchas y todas ellas habitadas de moros, cerca de las cuales se entra en el Polo Antártico pasando la equinoccial de la costa de Arabia. Navegaron con buen tiempo y llegaron al paraje de la isla de San Lorenzo, que es grandísima porque tiene 275 leguas de longitud y 30 de latitud; toda ella es habitada de mucha gente y muy doméstica. Nunca se ha predicado en ella la fe de Cristo y creo que, si se hiciese, se recibirían fácilmente. Pasando esta isla llegaron al Cabo de Buena Esperanza, que es otra isla bonísima cuya gente y moradores son muy semejantes a los de San Lorenzo. Cae en la zona templada y cerca del Estrecho de Magallanes.

Este Cabo de Buena Esperanza se llama por esto nombre Cabo Tormentoso. Está en el Polo Antártico y sale hasta 35 grados largos de alturas. Desde Cochín hasta este Cabo se ponen 158 leguas por la parte que ordinariamente se navega. Al pasar de este Cabo suele hacer siempre muy recios vientos. Vase de él a la isla de Santa Elena, que está 570 leguas adelante. Está inhabitada de gente y muy llena de puercos y cabras y de gran abundancia de perdices, y toda la costa de ella tiene mucho peco y que se toma muy fácilmente. Es isla pequeña y no tiene de circuito más de 5 leguas.

Desde esta isla navegaron 400 leguas y vinieron a caer a la equinoccial en la costa de Guinea, volviendo a salir al Polo Ártico en 44 grados de altura (que fue casi por la misma parte por donde se apartaron a la ida) después de haber dado vuelta al mundo. Pasaron a vista de la tierra y de allí vinieron sin tomar otra ninguna hasta Lisboa, habiendo (desde que pasaron la equinoccial) navegado 1.750 leguas.

De modo que después de haber echado el dicho padre fray Martín Ignacio la cuenta de lo que había navegado desde que salió de Sevilla hasta que volvió a Lisboa en la vuelta que dio al mundo, halló que eran 9.640 leguas de mar y tierra, sin otras muchas que anduvo por la China y por otras partes, de que no hizo cuenta.

Todas estas leguas están llenas de grandes reinos, y todos ellos, o los más, sujetos a la tiranía de Lucifer. Dios por su infinita misericordia los convierta y se apiade de ellos como lo hizo cuando vino del cielo a la tierra a morir por todos, y ponga en corazón a nuestro Católico rey que entre las demás buenas obras que con su cristianísimo celo inventa y hace, procure ésta que ha de ser para tanta gloria de Dios y honra y merecimiento suyo. Lo cual puede hacer muy cómodamente siendo, como es, el día de hoy Señor de todas las indias y de la mayor parte de aquel Nuevo Mundo. Es petición digna de que todos los cristianos la supliquemos a Dios para su santo nombre sea por todo el mundo alabado y ensalzado y los hijos de Adán que por el pecado están tan esparcidos y olvidados de su Dios y primer principio, vayan a gozar de la bienaventuranza de la gloria para donde fueron por él criados.

Relación del viaje que hicieron Pedro de Unamuno, fray Martín Ignacio de Loyola y otros franciscanos desde la isla Macarena, China, hasta el puerto de Acapulco, México, era el año de 1588

Relación del viaje y navegación que el capitán Pedro de Unamuno ha hecho desde la isla Macarera, que está una legua de la ciudad de Macán (Macao), en la fragata nombrada Nuestra Señora de Buena Esperanza; y lo que más en el viaje ha sucedido es lo siguiente:

Primeramente, partí de la dicha isla Macarera, domingo doce de julio, como a horas del medio día, y caminé al Essoeste 12 leguas, y como a las once horas de la noche me hallé tan adelante de la isla de Leme, que es la más cercana de las islas de Macán que está en 22 grados y medio largos.

Desde esta isla de Leme se tomó derrota para los Babuyanes gobernando al Este cuarta del Sudeste, y después de haber caminado 96 leguas por el dicho rumbo, jueves, 16 del dicho mes de julio, como a horas de mediodía, se tomó vista de estas islas de Babuyanes y se pesó el Sol, y están en 20 grados y medio escasos; tomóse la vista de estas islas caminando por ese rumbo, por no roestear la aguja de marear cerca de una cuarta. Diósele el resguardo conforme a la variación de ella.

Desde estas islas Babuyanes se tomó derrota para una isla que en algunas cartas de marear está pintada, que se dice Rica de oro, que está 450 leguas de estos Babuyanes, derrota del Nordeste o Este Sudeste, que está en altura de 29 hasta 31 grados. Y caminando, para la dicha isla con tiempos diferentes, navegué doce días a diferentes rumbos, y a los 28 del dicho mes de julio tuvimos vista de dos islas pequeñas, que tenían como 3 leguas de box (sic) cada una, y apartadas una de otra como una legua y media, y están situadas Noreste sin variar de Nordeste Este Sudeste, el altura de 25 grados y medio, en que ese día se pesó el Sol. Las cuales se ojearon y miraron y no se halló tener ningún puerto en ellas, ni tener ningunos árboles, ni insignias de tener agua, antes, en lo que de ellas se entendió por la vista ocular que en ellas se hizo, no son de provecho para cosa alguna; púsoselas por nombre las «Sin Provecho».

Desde estas islas se tomó la derrota esta propia noche para la isla Rica de oro, que en el capítulo antes de ésta se ha dado razón, que está 330 leguas de estas islas, en derrota del Este Oeste cuarta de Nordeste Sudoeste, y está en altura de las partes del Sur en 29 grados y medio escasos, según está pintada en algunas cartas; en cuya altura nos hallamos miércoles, 19 de agosto. Y estando en la dicha su altura, se buscó la dicha isla del Este Oeste y por los demás rumbos que fueron necesarios, y se hizo todo lo posible y no se pudo hallar la dicha isla, por donde se entiende no la haber.

De esta altura de los 31 grados se tomó la derrota al Esnordeste en busca de otra isla, que en algunas cartas está pintada, que llaman «Rica de plata», que hay de la que dicen Rica de oro y su altura 60 leguas al Esnordeste, gobernando ésta según su pintura y arrumbada en las cartas, y está, según su pintura en alguna de 33 grados hasta 34 desde la parte del Sur hasta el Norte, en cuya altura nos hallamos en Sábado, 22 de agosto, y se buscó del Este Oeste. Y hechas las diligencias posibles y no se pudo hallar, a cuya causa no la debe haber, sino que alguno, por oídas, la mandaría pintar en su carta.

Domingo, 23 de agosto, a la noche se tomó la derrota para en busca de las islas que dicen del «Armenio», que, según están pintadas en algunas cartas, están 20 leguas de la isla que arriba dije Rica de plata, que están en derrota una con otra Nordeste Sudoeste en altura de 34 grados y 35 y un tercio, y en esta altura nos hallamos miércoles, 26 de dicho mes de agosto. Y se procuró su vista con mucho cuidado con las diligencias posibles, y no se pudo hallar, y se entiende no la debe haber.

Desde la altura de la isla «Armenio», arriba declarada, que dicen que la hay, que es en 35 grados y un tercio, se tomó derrota al Este cuarta al Nordeste y al Esnordeste en busca de la tierra de la Nueva España y tomarla en la mayor altura que se pudiese y los tiempos nos diesen lugar, para desde ahí hacer el descubrimiento que posible fuese, caminando por los dichos rumbos. Lunes postrero de agosto, en altura de 36 grados y un quinto en que este dicho día se pesó el Sol y se halló esta altura, habiendo caminado 140 leguas por los dichos rumbos, nos rindió el árbol mayor por dos partes y trinquete y bauprés. Y después de haber aderezado los dichos árboles lo mejor que ser pudo para poder navegar, tornamos a proseguir nuestra derrota por los dichos rumbos.

Y navegando subimos en altura de 39 grados, jueves 3 de septiembre, que nos dio un viento Lesnordeste, donde no pudimos subir en más altura, así por el tiempo no nos dar lugar, como por tener rendido los árboles y el navío ser pequeño y tener poco reparo, por venir no tan acomodado como convenía para resistir al frío y al agua. Venimos a disminuir en altura de 32 grados y medio en que nos hallamos, miércoles, 30 de dicho mes de septiembre. Y desde esta altura, que este dicho día se tomó, se procuro subir a más altura, y por los tiempos no nos dar lugar fue trabajoso multiplicar en la dicha altura.

Navegando por diferentes rumbos, por la contrariedad de los tiempos, venimos a subir con harto trabajo en altura de 35 grados y medio largos, en que nos hallamos sábado, 16 de octubre del dicho año; y este día se vio tierra. Y por no tener claridad, por estar la tierra muy cubierta de la mucha cerrazón que había de neblina, por cuya causa no se certificó por entero ser tierra la que se nos había parecido. Y esta noche, a prima guardia, yendo la vuelta del Este, tomando el Nordeste con viento Sudoeste, encontramos con dos islotes pequeños, pegados con la tierra firme, como media legua de mar, y llegando tan cerca de ellos como un tiro de arcabuz, que no haber buena guardia, según la cerrazón, nos perdíamos, esta noche dimos a la vuelta de la mar hasta el cuarto del alba.

Domingo, 18 de dicho mes, al cuarto del alba hicimos el bordo de la tierra, y esclareciendo Dios el día, vimos una tierra alta a la parte del sur, con unos tres árboles de pino en lo más alto de él, que sirven de marca. Y a la parte del Norte vimos muchos humos, al pie del dicho cerro, en unos pinares cerca de la mar. Y a la dicha parte del Norte una punta echada como Nordeste Sudeste, y de parte de la punta demostraba una bahía grande, hacia la parte del Este, que demostraba haber puertos en ella. Y después de haber tomado los pareceres de la gente del navío y particularmente del padre fray Martín Ignacio de Loyola, Comisario de la China, y visto de que todos eran de parecer de que se arribase a dicha bahía y en ella se viese lo que había, pues para ello venían, y con esta determinación se gobernó para la dicha bahía. Y llegando a ella, se vio a la parte del Este un arenal de buen espacio, de anchura mediana, para donde se gobernó. Y surgimos con la dicha fragata en 27 brazas de fondo de arena menuda, mezclada con baza, y alrededor y bien cerca de la dicha fragata hay muchas yerbas largas y gruesas, 5, nacen en más de 15 brazas, son gruesas y tienen las hojas y troncos grandes, que son de los que se dice que en la mar 100 leguas de la costa ven los navegantes unas balsas grandes, los cuales proceden de estos que arriba se hace memoria y nacen en toda la costa hasta pasada la isla de Cedros, que está en 28 grados y medio largos, y no nacen en los ríos, como algunos han certificado, sino en la costa, como arriba se declara. Aquí, en este puerto, hay infinito pescado de diferentes géneros, y árboles para navíos, y agua, y leña, y mucho marisco, donde se puede reparar de todo esto cuando alguno tenga necesidad.

Como arriba decimos, surgimos en el dicho puerto a los 18 del dicho mes de octubre, día de San Lucas; y por ser su día del señor San Lucas, se puso por nombre «Puerto de San Lucas». Y surto en él, como arriba se dice, en el dicho día entre las 11 y las 12 del día, apartados del arenal que en él había como dos tiros de arcabuz, donde se pesó el Sol y se halló estar el dicho puerto en 35 grados y medio largos, y estando así surtos, a poco rato, vimos en tierra, en una loma a la falda de un cerro, dos indios, de donde nos miraron a su gusto.

Con vista de estos indios se hizo junta de la gente que había en dicho navío, y estando todos juntos se trató lo que se debía hacer, si saltarían en tierra algunos soldados y se visitase lo que alrededor del dicho puerto había. Y siendo todos de parecer de que el capitán con doce soldados y algunos indios, con sus espadas y rodelas, saltasen en tierra, y se viese la disposición de la tierra y se descubriese lo que alrededor del dicho puerto había, desembarqué en tierra con doce soldados, con su cotas y arcabuces, llevando por delante al padre fray Martín Ignacio de Loyola con una cruz en sus manos, y algunos indios luzones, con sus espadas y rodelas, después de haber dejado orden en la dicha fragata para lo que se ofreciese; y habiéndose hecho elección de alcaldes y regidores para que hubiese quien diese posición de aquel puerto y lo demás que se descubriese, desembarqué en tierra, como dicho es.

Desembarcamos en el dicho puerto, en la forma que dicho es, se tomó acuerdo hacia donde se caminaría, si hacia la parte donde los indios se habían visto poco antes o por el pinal, donde se habían visto algunos fuegos aquella mañana, por haber muchos caminos para diferentes partes. Fuimos de parecer de que se caminase hacia donde se habían visto los dos indios, pues el camino que va hacia donde ellos parecieron era el más trillado. Y así se comenzó a marchar hacia la loma donde los indios se habían visto, y subido en lo alto de la loma, a la parte del Nordeste, se vio descender un río de buen tamaño por un llano abajo, y muchos caminos trillados para diferentes partes, y no se halló rastro de los indios que antes se habían visto en la dicha loma. Y visto la diferencia de caminos de una parte a otra, se acordó que se siguiese uno de los dichos caminos que va a la vuelta del Sudeste hacia un cerro alto, y que desde allí se vería lo que alrededor hubiese, hacia donde caminamos, llevando en la delantera al dicho padre fray Martín, con su cruz en las manos.

Poco después y a un cuarto de legua andada, los dichos indios descubrieron gente y dieron aviso cómo habían visto cinco personas: y dado el aviso, se fueron tras ellos y los iban siguiendo. Y a este tiempo se alargó el paso para poder hablar con ellos, y en el inter que con los indios fuese Diego Vázquez Mexía, sargento, con otro soldado para que si los alcanzasen, los entretuviesen con buenas palabras y señales de paz y amor. El cual con los dichos indios se adelantó en pos de los dichos indios para ver si los podían alcanzar; y aunque de su parte hicieron lo posible, no se pudieron alcanzar; por estar encumbrados en el cerro y ser gente desnuda y ligera no se pudieron alcanzar, aunque la demás gente iba marchando a paso largo, tuvieron lugar de meterse por otro cerro alto en un pinal. Y en un recuesto del camino que iba al dicho cerro hallamos dos líos, como cestos, envueltos en dos cueros de venados, y en ellos no se halló sino los dos cueros de venado y otros pellejos pequeños como de conejos, cortados y hechos a modo de cadena con ellos, y una poca de flor como de orégano, que les debe de servir como de comida o bebida, por no se hallar otra semilla. Y según la relación de los indios espías, entre las cinco personas que habían visto había dos mujeres, porque llevaban dos criaturas en las espaldas. Y de los dos cueros de venado se tomó la una, y en su lugar se les dejó con su hato dos paños de manos y no se le consintió se les tocase cosa alguna; y hecho esto subimos a la cumbre de dicho cerro, y en él se hizo alto, y se miró lo que la vista pudo descubrir.

Hecho alto en la cumbre de este cerro, mirando lo que alrededor de él había, y cerca de este cerro había otro cerro más alto como tres tiros de arcabuz, mandé a Joanes de Arraceta, Cristóbal infanzón, que dos indios con sus espadas y rodelas subiesen encima de aquel cerro que a la mano derecha estaba y que de allí mirasen a la redonda si había algunas poblaciones y otras insignias de gente y mirasen si en el dicho cerro había algunos minerales. Los cuales fueron y miraron lo que sus vistas alcanzaron a una parte y a otra, y hicieron catas en el dicho cerro por si había algunos minerales; y visto y hecho lo arriba dicho, bajaron a donde la demás gente estaba y dieron por relación que ninguna población, ni gente, ni humos habían podido descubrir, ni en el cerro habían podido hallar minerales, salvo que había muchos caminos y entre ellos había uno que iba por el río arriba, como hacia el Este, que era el más trillado a sus pareceres.

Hecho lo convenido en el capítulo antes de éste, y descansando la gente bajaron de el dicho cerro hacia el río y entraron a la orilla de él, y probaron el agua del dicho río y hallóse ser muy buena, que bajaba por el dicho río entre arena, y desde ahí se subió por una loma arriba hacia la parte del Norte donde dicho río hacia una gran laguna, que se entendió que allí habría alguna barra y puerto, pues tan cerca estaba la mar. Y llegados allí se vio ser agua represada del dicho río y tapada la vía de la mar con mucha cantidad de arena, aunque sin embargo de esto no podía dejar de tener algún respiradero a la mar por debajo de la arena, porque sino fuera esto, según el agua del río en breve sobrepujara a la arena.

Y desde ahí se caminó hacia la fragata, por ser ya tarde; y llegados junto de la dicha fragata a un cerrillo y alrededor de él hallamos mucha cantidad de conchas, de ostrones, de perlas muy crecidas y otras conchas de muchos mariscos.

Llegados a este cerro, hallamos lo arriba dicho, donde, por parecer lugar conveniente para tomar la posesión del dicho puerto y tierra en nombre de Su Majestad, pues quieta y pacíficamente yo y la demás gente habíamos desembarcado y paseado la dicha tierra y puerto como cosa de la demarcación y corona del rey don Felipe nuestro señor, tomé la dicha posesión en el dicho nombre por Diego Vázquez Mejía, uno de los alcaldes que para ello fue electo, y en ella amparado, como era justicia, en forma debida de derecho, arbolando una cruz en señal de la fe de Cristo y de la posesión que del dicho puerto y tierra se tomaba en nombre de Su Majestad. Y cercados ramos de los árboles que alrededor había y otras diligencias que se acostumbran hacer, nos embarcamos en la dicha fragata.

Y estando embarcados y habiendo cenado la gente se trató de lo que se había de hacer, mediante Dios, otro día siguiente, si entrarían en la tierra algunos espías, para ver si se hallarían algunas poblaciones de gente o algunos minerales o algunas insignias de ello, pues había tantos caminos y a diferentes partes. Estando todos juntos y habiéndose tratado sobre lo que más convenía, estando presente el dicho padre fray Martín Ignacio de Loyola y los demás religiosos, todos conformes y de un parecer, de que pues todos habían salido para hacer el descubrimiento en cuanto fuere posible y los tiempos diesen lugar, y que pues ese día del señor San Lucas se había descubierto el dicho puerto y saltado en tierra y tomada la posesión en ella en nombre de Su Majestad, y haber tantos caminos y tan trillados para diferentes partes, que convenía que el capitán con dos soldados y un religioso y algunos indios, con espadas y rodelas, de madrugada, entrasen en la tierra adentro, como 4 o 5 leguas, por el camino más trillado, que era el que iba por el río arriba como al Este; y que convenía se mirase lo que demostraba en sí la dicha tierra, para que de lo que hubiese se diese noticia de todo a Su Majestad y al Excmo. Visorrey de la Nueva España en su lugar, de quien en nombre de Su Majestad fuimos enviados a esta jornada. Y vistos los pareceres de todos, luego se mandó poner en orden lo necesario para poder de media noche abajo partir a lo que arriba se declara.

Lunes 19 del dicho mes, como a horas de las diez antes del día partí para la dicha jornada con el padre fray Francisco de Noguera y los doce soldados y ocho indios luzones, con sus espadas y rodelas. Desembarqué entre día a las dichas, después de haber dejado orden en la fragata de lo que aquel día se había de hacer. Caminamos hacia el río, y en ella puesta la gente en orden y llevando dos indios delante, por espías, caminamos por el camino que el día antes nos había parecido ser el más trillado, que iba hacia la vuelta del Este, caminando con el menos ruido que ser pudo. Para cuando vino el alba, habíamos caminado como 2 leguas, sin haber visto ni sentido cosa alguna de población, ni humos, ni persona alguna. A este tiempo nos apartamos a una ladera, hacia la halda de un cerro, debajo de unas encinas y alcornoques y otros árboles, que en un montecillo que allí estaba, había. Y desde ahí, estando emboscados hasta una hora de Sol, se miró todo aquel valle hasta donde alcanzó la vista, y no pudimos descubrir ninguna población ni gente, solamente vimos dos humos hacia el río arriba en unos bosques de muchos árboles de encinas, alcornoques, sauces y otros árboles altos y de buen gordor, como fresnos, para donde caminamos lo más secreto que ser pudo, llevando los dos indios de espías, adelante. Y llegado donde los dichos humos, hallamos que se quemaban dos encinos grandes, apartados el uno del otro como tiro de arcabuz; parecía habérseles dado fuego como un mes.

Desde estos humos partimos el río arriba a la vuelta del Este por el camino más trillado. Y por el río arriba hallamos muchas pisadas de gente, que todo el arenal del dicho río estaba tan hollado de pisadas, así hacia el río arriba como el río abajo de personas grandes y medianos y pequeños. Este río es de arena gruesa, por donde el agua pasa debajo y casi en lo más de él se puede andar a pie enjuto, porque, como digo, el agua pasa por debajo, salvo que en partes sale el agua como manantiales y hace como pozadas de agua represada, y no deja de correr por debajo del arena. Todo este río de una parte y otra es bien sombrosa de sombra de sauces y mimbres de buen tamaño, con otros árboles altos que parecen fresnos, y muchas yerbas olorosas, como manzanilla, y poleo y tomillo.

Y caminando adelante, a ratos por el río y a ratos fuera de él, habiendo caminado como 2 leguas sin haber visto población ni gente, más del dicho rastro el río arriba, encontramos, a la vereda del río, de la parte del Norte, unas rancherías viejas de indios en que había diecisiete ranchos grandes y chicos, a modo de carboneras de Vizcaya, un gran hoyo en el suelo, de buena redondez y de fuera cubierto de ramas de árboles muy cubiertos, y según el grandor de los ranchos podían caber en cada una más de doce personas; parecían haberse hecho como mes y medio atrás. No se halló en estos ranchos cosa alguna sino unas varas, que parecen de sabugo, con que ellos hacen sus lanzas arrojadizas con una punta de encino tostado. Y un poco apartado del río, de la otra parte, entre unos árboles, se halló una choza hecha de palos y cubierta toda de tierra, con sola una pequeña portañola, que podían caber dentro como dos personas; y había dentro cascarones y joyas (sic) de árboles. Entendióse que sería para el principal de ellos.

Desde estos ranchos caminamos el río arriba media legua y siempre iba siguiendo el rastro ya dicho. Y al pie del río de la parte del Sudeste, a la sombra de unos sauces, se hizo alto, donde la gente comió y descansó, y hasta las tres horas de la tarde nos detuvimos por el gran calor que hacía.

Después de haber comido y reposado, se acordó caminar el río arriba, como una legua, hacia una gran abertura que hacia la parte del Este demostraba, por ver si se descubría alguna población en aquella abertura; y que si andada la legua que podía haber hasta el pie de un cerro alto que había en esta distancia, se volverían hacia la fragata, y en aquella noche nos alojaríamos en parte cómoda, para otro día de mañana ir a la dicha fragata. Y así caminamos hacia la abertura arriba dicha, y en poco rato llegamos al pie del cerro alto; y llegados al pie de él entre unos alcornoques, se miró la disposición de aquella tierra hasta donde nuestra vista alcanzaba, y no se halló ni pudimos descubrir cosa alguna más de que el camino iba seguido hacia el Este, que claro se vía ir el camino por la halda de unos cerros que iban a dar en unos cerros altos que hacia la parte del Este estaban, con otros muchos caminos. Y visto que del pie del cerro no se pudo descubrir ni se vía nada mandé a tres soldados y tres indios con sus espadas y rodelas subiesen a la cumbre de aquel cerro y de allí mirasen a todas partes si verían alguna población, o gente o fuegos, y si había algunos minerales. Los cuatro fueron, y de ahí a un rato de tiempo bajaron a donde nos habían dejado, y dieron por relación que no habían podido descubrir ninguna población, ni humos, ni gente, ni el cerro tenía minerales a lo que parecía, salvo que vieron que el río siempre iba hacia la parte del Este entre unos cerros; y el dicho camino con otros muchos iban a la parte del Este por las lomas de unos cerros. Y visto que no se pudo descubrir ninguna población ni gente, y que la gente estaba algo cansada, y no haber bastimentos para más de aquella noche, y que no sería cordura pasar adelante sin bastimentos y tan poca gente, en tierra no conocida, y que lo mejor sería volver hacia el navío, y visto el parecer de todos, y que era lo más acertado, caminamos hacia la fragata. Y habiendo caminado como 2 leguas, una hora antes de anochecer, nos alojamos debajo de unos tres encinos grandes que estaban junto al río, apartado del camino buen espacio, donde aquella noche reparamos, puestas las centinelas en orden.

Martes siguiente, 20 del dicho mes de octubre, de día claro, caminamos el río abajo, y no se caminó de madrugada por si por ventura los indios nos hubiesen visto y espiado de noche no hubiese alguna celada. Y caminando por el río abajo, andados como una legua y media, encontramos con una ranchería de una parte y otra del río, en que había más de treinta ranchos, del modo de las que el día antes hallamos. Y en ellas no se halló sino unas taleguillas de cordel, hechos a manera de red, en que traían algunos cabos de cordel hecho con cortezas de árboles bien hechos, y unos cestos viejos, en que se entiende molían algunas raíces y cortezas de árbol para alguna bebida o comida, como el que se les halló el primer día, no se les halló rastro de otra semilla alguna. También se hallaron algunas varas como las de los otros ranchos del día antes.

Y en esto, después de haber mirado alrededor de los ranchos la longitud, como dos tiros de arcabuz, y no se hallar más rastro de lo dicho, proseguimos nuestro camino, a ratos por el río abajo y ratos fuera de él. Y al cabo de haber caminado como 2 leguas y pasado el río a la otra parte del Oeste, se hizo alto para descansar la gente, que sería como media legua de la fragata, como a las diez horas antes del medio día; y a cabo de media hora comenzamos la caminar hacia el dicho navío, y viniendo así caminando a trecho de un cuarto de legua, en una loma se hizo alto para allí descansar, por estar cerca del dicho navío. Y descansando que hubo la gente, comenzamos a marchar a tomar la vista del navío por estar cerca, e yendo caminando por nuestra orden y tomada la vista del navío los de la vanguardia, viniendo todos a vista unos de otros y bajando de la loma abajo hacia la ribera, donde hallamos la barca del navío y a Joanes de Uranzu.

Antes de hacer alto la gente de la vanguardia mirando hacia los nuestros de la retaguardia, vimos descendiendo de un cerro de pinares dos indios corriendo hacia la otra parte de la loma, donde venían subiendo a la vista del navío. Y visto bajar los indios, luego volvimos hacia ellos a su reparo, pero antes que pudiésemos llegar a socorrerlos, fueron heridos algunos de ellos, y llegados a ellos, arcabuzándolos, los hicimos retirar a lo alto de la loma.

Y a este tiempo llegaron Joan de Aranguren y Joan de Mendoza heridos de muchos flechazos y varas tostadas, y luego en pos de ellos Cristóbal Infanzón, herido de muchos flechazos y si no fuera que se socorrieron a tiempo, los mataran. Y Felipe de Contreras que venía así mismo en la retaguardia, por haberse quitado la cota que traía puesta, le hirieron de una lanza tostada y le atravesaron el pecho de parte a parte, de que no pudo retirarse, y de esta herida otras que le dieron, como a hombre desarmado, murió luego, según los otros de su compañía dieron por relación. Y juntamente con él mataron a un indio de los nuestros de una lanzada, por haberse descuidado de reparar con su rodela. A los heridos se mandaron curar.

Y junta la demás gente, por bajar del dicho cerro muchos indios de nuevo, y visto los espías de ellos ser muchos y que iban siempre abajando, procuramos de retirarnos a la marina por nuestra orden, por ser mejor puesto para nuestra seguridad y resistirlos. Y juntos así la gente que en el navío quedaba, que había salido en tierra al socorro, y los que en tierra se hallaban, todos juntos, puestos en orden, tuvimos reencuentros y escaramuza con los dichos indios. Y en ellas murieron algunos de ellos y otros muchos heridos, sin que de los nuestros hiriesen mas de uno. Y visto esto, se retiraron y dividieron en tres partes.

Y nosotros nos recogimos a nuestro puesto, donde se acordó que, si los enemigos tornasen de nuevo, sería bueno reformarnos de una planchada para poderse embarcar toda la gente junta, porque la barca era pequeña, y no se podían embarcar sino en muchas veces, y si nos viésemos en necesidad no podíamos retirarnos. La plancha se hizo, y luego en poco rato se trujo a tierra adonde la barca estaba. Y este tiempo, los enemigos por tres partes nos dieron asalto; pero retiráronse con daño suyo, sin herir a ninguno de los nuestros. Esto era como a las cinco de la tarde cuando los enemigos se retiraron hacia la loma donde hirieron a los nuestros, teniendo sus centinelas. Y visto que ya era tarde y el enemigo se había retirado, nos fuimos a embarcar en la plancha y barca.

Lunes, 19 del dicho mes de octubre, fray Martín Ignacio de Loyola y fray Rufino, Alonso Gómez, piloto de nuestra fragata, Miguel Sánchez y otras personas, que habían quedado en el navío, salieron en tierra adentro. Y dieron por relación haberles sucedido en el dicho puerto con los dichos indios, que después de habernos partido aquella mañana para lo que arriba dicho es, ellos habían saltado en tierra, así a ver hacia la parte del Sudoeste si había alguna población o gente, por haberse visto la noche antes un fuego grande que duró casi toda la noche, como hacer alguna aguada y leña. Y que mientras el padre fray Martín, Alonso Gómez, Joanes de Uranzu, y otras personas fueron hacia la parte donde se vido el dicho fuego a ver lo que había, habían quedado en el río Jerónimo de Vallejeda, barbero, con algunos indios, que fueron a la lavar y a hacer aguada y leña. Y que del cerro del pinal habían descendido veintitrés indios, y tres de ellos se allegaron hasta la mitad de la sierra, a ver lo que hacían los nuestros. Y los dos bajaron al río y comenzaron a hablar con el dicho Vallejeda, no teniendo más de su espada; y después de haber pasado dares y tomares entre ellos por el cerro arriba en buenas palabras, y cuando vido mal parado el negocio, solo procuró apartarse de ellos con ademán que les hizo con su espada, después de haberle quitado algunas cosas que llevaba consigo el dicho Vallejeda, dándolas el propio para apaciguarlos. Y en este tiempo sobrevinieron los demás indios y tomaron a los indios que estaban lavando alguna ropa y las vasijas que llenaron para el agua que habían de hacer, y se subieron el cerro arriba, y puesto a recaudo el bagaje que habían pillado, se volvieron a la mira de lo que se hacía entre los nuestros. Y a este tiempo llegaron el padre fray Martín y la demás gente que habían ido a ver lo que había de la otra parte del Sudoeste; y como vieron los indios venir la demás gente, entendieron que el dicho Vallejeda les había engañado en que por señas les había dado a entender que no había más gente que él y los indios que quedaban en la aguada, a quien quisieron llevar consigo y no pudieron, porque se echaron a la mar y del navío les tiraban arcabuzazos, hasta que llegó el dicho fray Martín con los demás adonde estaban Vallejeda e indios.

Y llegados al puesto donde los indios estaban en la loma de un cerro, luego comenzaron a dar grandes alaridos, haciendo muchos meneos y saltos de una parte a otra como quien los quería acometer, estando los nuestros en su puesto sin hacer alboroto por lo que los indios hacían, antes, de paz, enviaron al dicho Vallejeda y a otro indio de los nuestros con bizcocho y algunos paños y otras cosas que entre ellos habían, a los cuales salieron hasta media ladera de la loma tres indios y los quisieron llevar arriba donde los demás estaban. Y los nuestros, como vieron que los querían llevar a lo alto del cerro, se hicieron indispuestos, y allí comieron el bizcocho o parte de ello. Y volvieron a sus compañeros a darles razón de lo que habían pasado, aunque estaban a la mira. Y después a poco rato, todos los indios se apartaron por tres partes, y acometieron a los nuestros haciendo muchos ademanes de quererlos matar, y tiraron muchas flechas sin que hiciesen daño en los nuestros, sin querer dejar tirar ningún arcabuzazo el padre fray Martín, hasta que vieron la desvergüenza suya, que los arcabuzaron e hirieron algunos de ellos y los hicieron retirar a lo alto del cerro: y a este tiempo eran horas de recogerse cada uno a su alojamiento. Los indios fueron a sus ranchos, los nuestros al navío.

Hallaron a la parte del Sudoeste, adonde fueron los nuestros, un rancho como los ya arriba dichos, y alrededor de él y más desviados del rancho muchas conchas de perlas en mucha cantidad y muy grandes; donde se entiende hay mucha y buena perlería, y estos indios acuden a la costa y a la pesquería de ellos. Y los caminos hacia la parte del Sur será donde ellos van y vienen a la tierra adentro. La tierra de marítima es de buena disposición para trigo y maíz, mejor que la que hallamos la tierra adentro.

Embarcados, como dicho es en el capítulo segundo antes de ésta, después de haber cenado la gente, se trató de lo que convenía hacer el día siguiente, si se saltaría en tierra a los enemigos, o partirnos a nuestro viaje. Se acordó seguir nuestro viaje, costeando la tierra, y no salir en tierra con los enemigos, así por haberse quemado la pólvora el día pasado estándola refinando, como la gente estar mal herida y pocas medicinas para curarlos, y ser poca la demás gente para poder resistir a los enemigos sin tener pólvora ni municiones; y también lo que convenía hacerse en aquel puerto se había hecho, y que en la costa se podrían buscar algunos puertos, cuanto y más que más convenía ir a dar cuenta a Su Excelencia de lo pasado. Así se determinó partir miércoles, 21 de octubre a nueve del día, como partimos.

Partidos miércoles, 21 de octubre, con vientos contrarios anduvimos bordeando hasta el viernes a la tarde, 23 del dicho, que nos dio un viento del Nordeste con una cerrazón que en cinco días no se pudo tomar vista de tierra, aunque siempre se caminó 2 leguas, y aún menos, de la tierra, a cuya causa no se pudo ver si había algún puerto en la costa, así por la cerrazón grande, como ser muy pequeña para poderse atrever en él a buscar puertos.

Miércoles, 28 del dicho mes de octubre, yendo costeando por la costa 2 leguas de la tierra, en la altura de 30 grados, se echó una sonda por ver insignias de fondo, por no se poder ver tierra con la gran cerrazón y oscuridad que hacía neblina. Y hallamos diez brazas de fondo, y en lo que el plomo demostró era de bajíos de piedra en largor de mas de media legua, en que siempre se sondó en una agua y un fondo. Y luego, acabado de salir de su paraje, encontramos con una agua blanca muy revuelta, que parecía ser de río, donde se sondó y casi se halló la propia agua. Y en este paraje se procuró ver si había algún puerto, y aunque este día y la noche y parte del jueves siguiente no se pudo ver la tierra para poder ver la disposición de ella, y visto que con la barca no se podía saltar en tierra por ser pequeña y la mar andar algo gruesa, y que el tiempo no aclaraba, antes cargaba el tiempo, se determinó venir al puerto de Acapulco lo más breve que ser pudiese, así a dar cuenta de lo pasado a V. Excelencia, como por estar la gente herida muy mal dispuesta por falta de medicinas; pues desde la isla de Cerros para el puerto de Acapulco estaba todo descubierto mucho tiempo había.

A las Islas de Lequios, ni Japón, ni Pescadores no fuimos, por ser tierras descubiertas y ser el navío pequeño y sin artillería ninguna, y la gente que venía en la dicha fragata poca, y la del Japón mucha y belicosa y haber en ella navíos y artillería con que poder ofender y defenderse.

Desde las islas de los Babuyanes, que están en la altura de 23 grados y medio escasos hasta el puerto de San Lucas que ahora se descubrió, que está en 35 grados y medio largos, se caminaron 1.890 leguas por diferentes rumbos, conforme los tiempos daban lugar, aunque en derecha derrota habrá como 1550 leguas. Y por esta altura y camino es muy buena navegación; más saludable y buena que por menos altura. Y desde el dicho puerto de San Lucas hasta el cabo de San Lucas, que está en 23 grados escasos, hay 290 leguas, caminando al Sudoeste como la mitad y al Sudeste cuarta del Sur la otra mitad. Y desde este cabo de San Lucas hasta el puerto de Acapulco hay como 260 leguas, caminándose la mitad al Esoeste y lo demás al Sudeste coarta del Este.

En la boca del puerto de Valle de Banderas, junto al cabo de Corrientes que está en altura de 21 grados largos, encontramos con una lancha del propio puerto, en 12 de noviembre que, por orden de la Audiencia de Guadalajara, andaba en la costa a dar aviso a los navíos de la China de cómo el corsario inglés estaba en la costa y los daños que había hecho, y como al presente estaba en el puerto de Mazatlán dando carena, y su instrucción le mandaba fuese a dar el dicho aviso a las dichas naos de China hasta en altura de 25 grados, 2 grados más adelante del cabo de San Lucas, que es en muy buen paraje para ser avisados en tiempo para poderse marear del puertos del enemigo. Y en nombre de Su Majestad, en la mejor forma que de derecho hubiese lugar, hice un requerimiento al capitán de la dicha lancha para que con toda diligencia procurase pasar adelante a dar el dicho aviso, pues tanto importaba el servicio de Su Majestad, y caminase de noche con el fresco de la tierra, y que de día se detuviese en tierra, y de ahí podía hacer centinela, así a las naos de China, como si la lancha del enemigo salía a descubrir la costa no le encontrase de día, pues de día con los vientos Nordestes y contrarios corrientes no podría navegar, y de esta suerte podría navegar mejor y sin ser visto del enemigo, por si, como dicho es, la lancha del enemigo saliese a espiar la costa. Y se le dieron bastimentes de bizcocho, arroz y otros bastimentos que para nuestro viaje se traían, que quedó abastecido para más de un mes y medio, sin el maíz y otras cosas que para su bastimento llevaba.

Entramos en el puerto de Acapulco a 22 de octubre, día domingo, de donde escribimos a V. Excelencia y dimos larga cuenta del suceso y trabajos de nuestro viaje.

Pedro de Unamuno

Libros a la carta

A la carta es un servicio especializado para
empresas,
librerías,
bibliotecas,
editoriales
y centros de enseñanza;
y permite confeccionar libros que, por su formato y concepción, sirven a
los propósitos más específicos de estas instituciones.

Las empresas nos encargan ediciones personalizadas para marketing editorial o para regalos institucionales. Y los interesados solicitan, a título personal, ediciones antiguas, o no disponibles en el mercado; y las acompañan con notas y comentarios críticos.

Las ediciones tienen como apoyo un libro de estilo con todo tipo de referencias sobre los criterios de tratamiento tipográfico aplicados a nuestros libros que puede ser consultado en Linkgua-ediciones.com.

Linkgua edita por encargo diferentes versiones de una misma obra con distintos tratamientos ortotipográficos (actualizaciones de carácter divulgativo de un clásico, o versiones estrictamente fieles a la edición original de referencia).

Este servicio de ediciones a la carta le permitirá, si usted se dedica a la enseñanza, tener una forma de hacer pública su interpretación de un texto y, sobre una versión digitalizada «base», usted podrá introducir interpretaciones del texto fuente. Es un tópico que los profesores denuncien en clase los desmanes de una edición, o vayan comentando errores de interpretación de un texto y esta es una solución útil a esa necesidad del mundo académico.

Asimismo publicamos de manera sistemática, en un mismo catálogo, tesis doctorales y actas de congresos académicos, que son distribuidas a través de nuestra Web.

El servicio de «libros a la carta» funciona de dos formas.

1. Tenemos un fondo de libros digitalizados que usted puede personalizar en tiradas de al menos cinco ejemplares. Estas personalizaciones pueden ser de todo tipo: añadir notas de clase para uso de un grupo de estudiantes,

introducir logos corporativos para uso con fines de marketing empresarial, etc. etc.

2. Buscamos libros descatalogados de otras editoriales y los reeditamos en tiradas cortas a petición de un cliente.

www.ingramcontent.com/pod-product-compliance
Lightning Source LLC
Chambersburg PA
CBHW031535040426
42445CB00010B/551